W0206036

Alex Antonitsch / Markus Eggetsberger

Das Mentaltraining der Sieger

und wie Sie
es in Ihrem
Leben erfolgreich
umsetzen

UEBERREUTER

ISBN 978-3-8000-7359-7
Alle Urheberrechte, insbesondere das Recht der Vervielfältigung, Verbreitung und öffentlichen Wiedergabe in jeder Form, einschließlich einer Verwertung in elektronischen Medien, der reprografischen Vervielfältigung, einer digitalen Verbreitung und der Aufnahme in Datenbanken, ausdrücklich vorbehalten.
Covergestaltung: Bernhard Kerbl, Wien
Coverfoto: Lifestock
Copyright © 2008 by Verlag Carl Ueberreuter, Wien
Druck: Druckerei Theiss GmbH, A-9431 St. Stefan i. L.
Gedruckt auf Salzer Papier
7 6 5 4 3 2

Ueberreuter im Internet: www.ueberreuter.at

INHALT

WICHTIGER HINWEIS

Die in diesem Buch vorgestellten Übungen und Trainingsprogramme basieren auf jahrelanger Forschung und Praxis im Bereich des Top-Management- und Spitzensport-Mentaltrainings.

Wenn Sie vorhaben, die hier vorgestellten Trainingsprogramme durchzuführen, sollten Sie zunächst auf Verträglichkeit und Folgen hin Ihren Arzt konsultieren. Dies empfehlen wir vor allem bei Personen mit gesundheitlichen Problemen.

Im Falle von Schwangerschaft, Epilepsie (oder Fällen von Epilepsie in der Familie) oder wenn Sie momentan in ärztlicher oder therapeutischer Behandlung sind, sollten Sie das Anwenden dieses Trainingsprogramms vorher mit Ihrem Therapeuten und Arzt absprechen. Wir weisen auch darauf hin, dass Sie bei akuten Herz-Kreislauf-Problemen oder Asthma ebenso ärztliche Hilfe konsultieren sollten.

Alle in diesem Buch vorgestellten Übungen wurden messtechnisch (mit Hilfe von wissenschaftlichen Biofeedback-Messverfahren) überprüft und auf ihre Wirksamkeit wie auch Verträglichkeit hin getestet. Sie werden von uns in der Trainingspraxis und im Rahmen von Seminaren verwendet.

Die Autoren und der Verlag lehnen ausdrücklich die Verantwortung für alle Risiken, die dem Leser durch die im Buch beschriebenen Anwendungen entstehen könnten, ab.

Bei Fragen oder Unklarheiten bezüglich der Inhalte dieses Buches und der in diesem Werk beschriebenen Verfahren stehen Ihnen die Autoren und die Mitarbeiter des Instituts für Leistungsmanagement gerne zur Verfügung.

www.leistungsmanagement.at

DANKSAGUNG

Wir danken allen, die an der Entstehung dieses Buches mitgewirkt haben. Einen besonderen Dank wollen wir vor allem Univ.-Doz. Prim. DI. DDr. Hans Schön, Dr. Alfred Kislinger, Univ.-Prof. Dr. Brigitte Schurz, Univ.-Prof. Dr. Rudolf Schabus, Univ.-Prof. Dr. Bela Teleky, Univ.-Prof. DDr. Wolfgang Bigenzahn, Primarius Dr. Andreas Kainz und all den anderen Ärzten und Therapeuten aussprechen, die uns mit ihrem Fachwissen und wertvollen Beiträgen unterstützt haben. Auch wollen wir dem ganzen Forschungs- und Trainingsteam des Instituts für Leistungsmanagement danken.

VORWORT DER AUTOREN

Stress und Burnout gehören wohl zu den Modewörtern unserer Zeit.

In unserer Seminarpraxis merken wir vor allem im Bereich des Top-Managements, dass ein wirklich guter Manager nur ein gestresster Manager ist; oder zumindest ist das die Message unserer Klienten. Das geht in der Regel so lange, bis wir ihnen messtechnisch beweisen (denn glauben muss uns ja niemand etwas), dass ein entspannter, aber gepowerter Manager der wahre Siegertyp ist.

Auch in meiner Zeit als Tennisprofi war das stets ein heißes Thema. Jeder von uns war immer auf der Suche nach dem sogenannten optimalen Erregungszustand. Das ist ein Zustand, in dem man »locker« ist, aber doch viel Power hat. Man fühlt sich gut, hat Spaß an dem, was man macht, und bringt herausragende Leistungen. Heute kennt man das auch unter den Begriffen »Zone« oder »Flow«. Egal wie Sie es nennen wollen, der Weg ist doch immer derselbe!

Es liegt wohl an unserer leistungsbezogenen Gesellschaft und dem extremen Mangel an effektiven Entstressungsmethoden, dass viele Stress als etwas Gutes ansehen. So nach dem Motto: »Hast du keinen Stress, dann arbeitest du auch nicht so viel wie ich!«

Dabei gibt es durchaus Top-Kräfte in allen Berufsbereichen, aber auch im Privatleben, die grandiose Leistungen vollbringen, ohne dabei gestresst zu sein. Oft hilft man sich darüber hinweg, indem man einfach behauptet, man sei auch gestresst (und in manchen Fällen ist man es dann am Ende sowieso trotzdem).

Wir haben immer wieder gemerkt, dass das menschliche Gehirn einfach am besten »ohne den Körper« arbeitet. Das heißt: Wenn unser Körper entspannt ist und keine Stressreaktionen zeigt, wird unser Gehirn auch nicht blockiert. Gerade in Berufen, die sich auf geistige Leistungen stützen, oder auch in der Schule sollten wir nach Möglichkeit überhaupt keinen Stress haben.

Ich denke, von diesem Buch und dem Mentaltraining der Sieger kann jeder Mensch etwas lernen, was seine Lebensqualität verbessern wird. Unser Ziel ist es, den Menschen einfache, logische und schnell wirkende Techniken zu vermitteln, die die Lebensqualität deutlich steigern.

Alex Antonitsch

Mit diesem Buch haben wir es uns zum Ziel gemacht, erstmals ein komplettes Erfolgs- und Antistresskonzept zu vermitteln. Sie erfahren Schritt für Schritt, was Stress ist, wie er sich auswirkt und vor allem was Sie dagegen machen können. Dabei hatten wir ein ganz besonderes Augenmerk auf die extrem hohe Wirksamkeit und Einfachheit der Übungen. Bei manchen Übungen werden Sie vielleicht sogar das Gefühl haben, dass sie zu simpel sind, um eine Wirkung entfalten zu können.

Mein Rat: Probieren Sie es einfach aus! Der Erfolg und die starken Effekte der Übungen sprechen einfach für sich und gute Dinge müssen nicht immer kompliziert sein. Das ist ein Irrglaube, mit dem wir ständig konfrontiert werden. Stress und der menschliche Organismus sind allerdings nicht im Geringsten kompliziert. Vieles klingt nur so. Deswegen war es mir besonders wichtig, das Wesentliche so herauszuarbeiten, dass man es leicht versteht und dann wirklich sagen kann: »Ja, das ist logisch.«

All jene, die sich für die wissenschaftlichen Details interessieren, kommen am Ende des Buches auf ihre Kosten. Da haben wir einiges aus unserer Forschung und die Hintergründe des Trainings nach bestem Wissen aufgeschlüsselt. In erster Linie ist mir wichtig, dass der Leser versteht, wie einfach es ist, etwas in seinem Leben zu ändern, und dass Stress eines der Dinge ist, die man ohne große Mühe in den Griff bekommt.

Markus Eggetsberger

KOMPATIBILITÄTSPROBLEME

Kennen Sie das, wenn Sie zum ersten Mal ein neues Betriebssystem auf Ihrem Computer verwenden und plötzlich bemerken, dass eine Menge alter Programme nicht wirklich kompatibel sind – ja genau genommen gar nicht mehr richtig funktionieren?

Was würden Sie sagen, wenn ich behaupten würde, dass es mit Ihrem Gehirn ganz ähnlich aussieht?

Tatsächlich arbeitet das menschliche Gehirn heute noch fast genauso wie vor 40.000 Jahren. Unsere Wahrnehmung und die grundsätzliche Verarbeitung von Eindrücken und Reizen haben sich in dieser langen Zeit nie verändert. Um unsere Kommandozentrale im obersten Stockwerk also richtig verstehen zu können, müssen wir zuerst einen kleinen gedanklichen Exkurs in die graue Vergangenheit der Menschheit unternehmen.

Knackte in der Frühzeit irgendwo ein Ast verdächtig oder raschelte in der näheren Umgebung das Laub am Boden, signalisierte das Gehirn des Menschen sofort Gefahr. Überall konnten wilde Tiere lauern, und die Hauptaufgabe unserer Schaltzentrale bestand darin, uns das Überleben zu sichern.

War genug Nahrung vorhanden, waren unsere Vorfahren vermutlich einigermaßen glücklich und auch keineswegs zur Eile angetrieben. Vorschriften und Gesetze waren Dinge, die genauso wie läutende Handys, E-Mails, Termine und berufliche Verpflichtungen nicht existierten. Man konnte im Grunde genommen auch gar nichts verpassen, weil es nichts zu verpassen gab. Bedrohlichen Personen oder Situationen konnte man einfach aus dem Weg gehen.

Rund 40.000 Jahre vergehen, in denen die Geschichte der Menschheit mit raschen Schritten vorwärtsmarschiert, doch in all der Zeit verändert sich der Mensch nur geringfügig. Mit einem leicht aufgerüsteten Steinzeitgehirn also finden wir uns in der heutigen Zeit wieder – mit einigen Komplikationen.

Zwar ist in der industrialisierten Welt weitgehend die Problematik der regelmäßigen Nahrungsversorgung gelöst, doch abgesehen davon werden wir nun mit einer Vielzahl von neuen Faktoren in unserem Leben konfrontiert. Tag für Tag wandern wir durch eine Welt, in der es mehr Regeln und Gesetze einzuhalten gilt, als ein Mensch verstehen kann. Wir haben eine Vielzahl von Terminen und Zeit spielt eine wesentliche Rolle in unserer Gesellschaft. Das größte Problem der Zeit besteht darüber hinaus darin, dass wir stets zu wenig davon haben, denn E-Mails, Mobiltelefone und andere neuartige Kommunikationsverfahren ermöglichen es uns schon beinahe, überall gleichzeitig zu sein. Man ist ständig erreichbar und genau das wird von uns auch stets erwartet.

Die Zahl der offenkundigen Gefahren ist stark gesunken und die Welt scheint heute viel weniger feindselig als früher. Bewusst nehmen wir unsere Welt wohl so wahr. Wenn wir genauer hinsehen, erkennen wir aber, dass die Gefahren, die unser altes Gehirn detektiert, nur besser versteckt sind. Das führt zu der Problematik, dass wir auf Grund unserer abgestumpften Sinne gar nicht mehr wissen, was wir eigentlich fürchten. Wir stempeln dieses Phänomen und Problem einfach als »gestresst sein« ab. Die Folge des daraus resultierenden Dauerstresses ist eine Verschlechterung des Gesundheitszustandes und unseres Wohlbefindens. Anstatt die Ursachen unserer Probleme zu ergründen, haben wir uns angewöhnt, die Symptome – die schlechten Gefühle und Stressreaktionen – zu behandeln. Man gönnt sich also keine Pause mehr, um den Organismus zu entlasten, sondern blockiert zum Beispiel mit Hilfe von Medikamenten die Hilferufe von Körper und Geist.

Betrachtet man heute aktuelle Statistiken aus der Welt der Medizin, fällt bald auf, dass hinter 50 bis 75 % aller Arztbesuche vor allem Stress und Stresssymptome stehen. In Bezug auf die Sterblichkeit stellt Stress heute sogar einen größeren Risikofaktor dar als das Rauchen. Sieht man noch genauer hin, fällt außerdem auf, dass die meisten verschriebenen Medikamente (in den USA und Europa) auf die Behandlung von Störungen abzielen, die in einem unmittelbaren Zusammenhang mit Stress und dessen Auswirkungen stehen. Ganz oben auf dieser Liste stehen Antidepressiva, Beruhigungsmittel, Schlafmittel, Aufputschmittel (gegen ständige Müdigkeit), Mittel gegen Bluthochdruck oder auch gegen Magenbeschwerden wie Sodbrennen. Vor allem das Verschreiben von Psychopharmaka steht in vielen industrialisierten Ländern ganz oben auf der Liste der verkauften Medikamente. Man sollte außerdem erwähnen, dass sich in den letzten 15 Jahren die Einnahme von Antidepressiva und Tranquilizern mehr als verdoppelt hat. Aber da endet es nicht. Wo die Menschen nicht zu Medikamenten greifen, um Stresssymptome unter »Kontrolle« zu bekommen, greifen viele zum Alkohol. Seit jeher stellt dieser ein beliebtes Mittel dar, um Stress und Depression vorübergehend in den Griff zu bekommen.

Selbstverständlich haben Psychopharmaka in Akutfällen ihre Berechtigung und können sogar unglaublich hilfreich bei der Bewältigung von Problemen sein. Tatsache ist jedoch, dass es einen gravierenden Unterschied zwischen klassischen Medikamenten wie Antibiotika und Psychopharmaka gibt. Wo Antibiotika eine Infektion heilen, wirken psychoaktive Medikamente – wie viele Untersuchungen zeigen – nur so lange, wie das Medikament eingenommen wird. Es entsteht folglich eine Abhängigkeit. Das Kernproblem besteht darin, dass Psychopharmaka vorübergehend Stresssymptome beseitigen können, aber die Wurzeln der Probleme nicht bekämpfen. Nach Absetzen der

Medikamenteinnahme schließlich kommt es in den meisten Fällen zu einem Rückfall.

Die Wurzel unseres Verhaltens

Doch wo entstehen diese Probleme eigentlich? Die Antwort darauf lautet: im limbischen System!

Das limbische System ist Teil des Gehirns und wohl einer der entwicklungsgeschichtlich ältesten Bereiche. Die Aufgabe dieses Bereichs ist vor allem die Entstehung und Verarbeitung von Emotionen. Dieses Modul befindet sich tief im Inneren unseres Gehirns und besteht aus einem speziellen Nervengewebe, welches sich von Hirnmodulen für Denken, Sprechen, Lesen, logische Entscheidungen und Kreativität stark unterscheidet. Es verfügt über eine andere Struktur und andere biochemische Eigenschaften als die Großhirnrinde. Man könnte es als Gehirn im Gehirn bezeichnen. Anders als die neueren Module unseres Gehirns haben Sprache und logisches Denken nur einen sehr geringen Einfluss auf das limbische System. Es funktioniert und arbeitet weitgehend unabhängig von der Großhirnrinde und kontrolliert grundlegende Funktionen wie Durchblutung, Herzschlag, Atmung, Blutdruck, Hautfeuchtigkeit, Hormone, Triebe, Verdauung und das Immunsystem. Besonders interessant jedoch ist die Tatsache, dass das limbische System auch die Fähigkeit der Selbstheilung kontrolliert. Das bedeutet, dass dieser Bereich des Gehirns, der so unabhängig vom Rest erscheint, den Schlüssel zur Genesung, zu Wohlbefinden und Harmonie in sich trägt!

Das limbische System lebt in der Vergangenheit. Erlebnisse, vor allem Probleme, setzen sich in diesem Teil des Gehirns fest und kontrollieren fortan in vielen Bereichen unseres Lebens das Verhalten, das wir an den Tag legen, wie auch viele Empfindungen, Reaktionen und Bedürfnisse. Genau diese Funktion des limbischen Systems ist es, die uns oft Probleme im alltäglichen Leben beschert. Ohne direkten Einfluss auf diesen alten Bereich unseres Gehirns wirkt es auf den ersten Blick, als wären wir dieser Begebenheit hoffnungslos ausgeliefert. Aber dem ist nicht so! Betrachten wir die Funktionsweise und Kommunikationsform des limbischen Systems, wird schnell klar, dass die einfachste Art, mit diesem Teil des Gehirns zu kommunizieren, über den Körper geht. In den letzten Jahren unserer Forschung haben wir es geschafft, ein Trainingsprogramm zusammenzustellen, mit dessen Hilfe man erstmals in der Lage ist, Stress an der Wurzel zu bekämpfen. Wir sind nicht länger darauf angewiesen, Symptome zu unterdrücken, sondern können unsere Probleme komplett aus der Welt schaffen. Ziel dieses Buches ist es, Ihnen diese Methoden und Trainingsprogramme auf einfache, verständliche Art und Weise zu vermitteln.

Um dieses Trainingsprogramm und seine Methoden zu verstehen, sollten wir uns zunächst einmal die Art und Weise ansehen, wie unser Gehirn aufgebaut ist und wie es funktioniert. Schließlich liegt das Hauptproblem des modernen Menschen darin, eine Verbindung zwischen dem unbewussten, emotionalen, dem Körper zugewandten Gehirn und dem bewussten, kognitiven, rationalen Hirn herzustellen.

Es ist wichtig, zu verstehen, dass unser limbisches Gehirn (das emotionale Hirn) vor allem auf unser Überleben bedacht ist. Hingegen ist unser bewusstes kognitives Gehirn damit beschäftigt, dass wir uns mit den bewussten Eindrücken unserer Umwelt befassen. Diese beiden Gehirnteile arbeiten weitgehend unabhängig voneinander und beeinflussen auf sehr unterschiedliche Art unser Leben, unser Verhalten und unsere Erfahrungen.

UNSER GEHIRN

In der jahrelangen Praxis unserer Seminar-, Trainings- und Forschungstätigkeit ist uns immer wieder aufgefallen, wie wenig die meisten Menschen eigentlich über ihr Gehirn wissen, wenn man es mit dem Wissen über andere Organe und Mechanismen im Körper vergleicht. Was wir an dieser Stelle bezwecken wollen, ist, Sie für dieses Thema zu sensibilisieren und den grundlegenden Aufbau sowie die Funktionsweise des Gehirns zu erläutern. Grundsätzlich soll dieser Abschnitt eine einfache Einführung in das Thema darstellen, denn allein die Analyse der einzelnen Module des menschlichen Gehirns würde genug Stoff liefern, um ganze Bücher damit zu füllen.

Einfach gesagt kann man das Gehirn in drei große Bausteine unterteilen: das Stammhirn, das limbische System und den Neokortex (auch Großhirn genannt).

1. Das Stammhirn

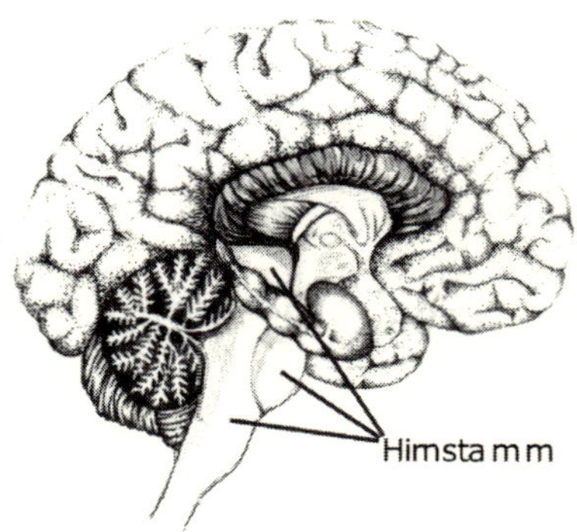

Abb. 1 Der Sitz des Stammhirns

Das Stammhirn ist der entwicklungsgeschichtlich älteste Teil unseres Gehirns und sitzt am tiefsten Punkt des Organs. Man nennt es auch Reptiliengehirn und dieser Name ist berechtigt. Das Stammhirn widmet sich ausschließlich dem Überleben des Menschen. Von hier aus werden Atmung, Blutkreislauf, Herzschlag, Stoffwechsel und ähnliche grundlegende Funktionen gesteuert. Auch verschiedene Reflexe wie Speichelfluss, Schlucken, Tränensekretion, Niesen, Husten, Lidschluss oder Erbrechen werden von hier aus kontrolliert und gesteuert.

2. Das limbische System

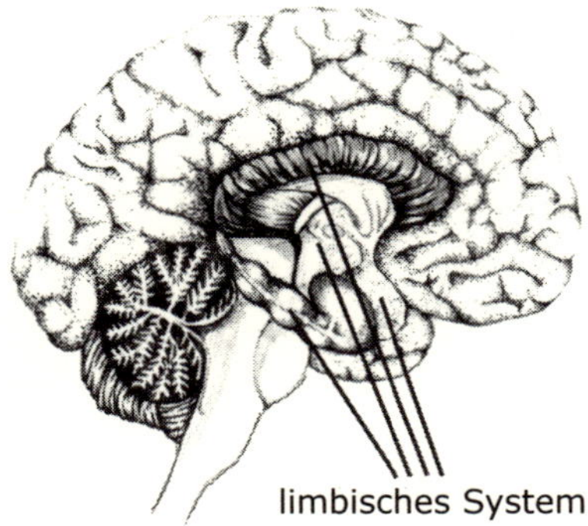

Abb. 2: Der Sitz des limbischen Systems

Das limbische Gehirn ist ein wenig jünger als das Stammhirn, es handelt sich dabei um ein relativ unabhängiges Gehirn im Gehirn. Es hat einen umfassenden Einfluss auf alle emotionalen Bewertungen und Sinneserfahrungen. Die Amygdala (Mandelkerne), die einen Teil des limbischen Systems darstellt, ist der Hauptsitz unserer Angst. Alleine diese Tatsache zeigt, wie wichtig und einflussreich das limbische System in unserem Leben ist.

3. Das Großhirn

Auch Neokortex genannt, stellt dieser jüngste Teil unseres Gehirns wohl das dar, was wir den Sitz unseres ICHs bezeichnen würden. Neben vielen wichtigen und relevanten Modulen stechen vor allem die beiden Frontallappen in ihrer Wichtigkeit heraus. Diese befinden sich an der Vorderseite unseres Gehirns, direkt unter der Stirn. Im weiteren Verlauf dieses Buches werden wir diese beiden Lappen der Einfachheit halber als »linke Gehirnhälfte« und »rechte Gehirnhälfte« bezeichnen. Das heißt, wenn wir von Gehirnhälften oder -Hemisphären sprechen, meinen wir nur diese Bereiche, in denen ein Großteil des Bewusstseins steckt. Bei unseren Messungen im Rahmen von Seminaren, Trainings oder Forschungen merkten wir früh, dass jeder Mensch eine ganz spezifische Gehirndominanz besitzt, über die er schon von Geburt an verfügt. Diese bleibt in der Regel ein Leben lang gleich, es sei denn, etwas im Leben des betroffenen Menschen stellt alles auf den Kopf. Ein traumatisches Erlebnis wie eine Vergewaltigung könnte unter Umständen einen linkshirnigen Menschen dazu bringen, fortan rechtshirndominant zu sein. Der Prozess, der dies bewirkt, ist sehr kompliziert und bezieht weit mehr Teile des Gehirns ein als nur die Frontallappen. Darauf wollen wir aber später genauer eingehen.

Wie bereits erwähnt, besitzt jeder Mensch eine spezifische Gehirndominanz sowohl in Ruhe- als auch in Stresssituationen. Dabei kann ein Mensch »rechtshirnig«, »linkshirnig«, aber auch »ausgeglichen« sein. Letzteres findet man wohl am seltensten, denn meistens kristallisiert sich früher oder später eine Hirnhälfte als die dominante heraus.

Die linke Gehirnhälfte

Betrachtet man die beiden Gehirnhälften genauer, merkt man, dass beide völlig unterschiedliche, einander ergänzende Eigenschaften aufweisen. Das bedeutet: Je stärker eine der beiden Gehirnhälften aktiv ist, desto stärker sind die Fähigkeiten dieser Hirnhälfte im Charakter eines Menschen ersichtlich. Sind beide gleich aktiv (was verhältnismäßig selten vorkommt), spricht man von einem ausgeglichenen Hirntypen, der die Fähigkeiten beider Gehirnhälften voll nutzen kann.

Hier wollen wir uns zunächst der linken Gehirnhälfte widmen.

Anders, als man vielleicht vermuten würde, befindet sich die linke Hirnhälfte nicht wirklich immer auf der linken Seite des Gehirns. Das klingt jetzt paradox, lässt sich aber leicht erklären. Bei Linkshändern (vor allem bei jenen Linkshändern, die als Kind zu Rechtshändern »umerzogen« wurden) kann es vorkommen, dass sich das Gehirn anders organisiert als bei einem Rechtshänder. Das hat in der Praxis weder Vor- noch Nachteile für den Betroffenen. Bei unseren Gehirndominanzmessungen im Rahmen von Check-ups oder Seminaren testen wir stets vorab, ob der betroffene Proband auch wirklich die linke Hemisphäre verwendet, wenn wir ihm oder ihr Aufgaben stellen, die Fähigkeiten der linken Gehirnhälfte erfordern. Da die linke Hirnhälfte vereinfacht gesagt die »logische« und »ordentliche« Seite genannt wird, konnten wir das stets am besten mit Hilfe von Kopfrechnungen testen. Steigt dabei das Potenzial der Testperson in der linken Gehirnhälfte, so kann man davon ausgehen, dass er oder sie nicht »verdreht« ist. Um ganz sicherzugehen, machen wir in der Regel bei den Messungen auch noch Gegenproben. Immerhin wissen viele Probanden gar nicht mehr, ob sie in der Kindheit eigentlich Linkshänder waren.

Doch kommen wir nun zur linken Gehirnhälfte.

Wie bereits angeschnitten wurde, nennen wir die linke Hemisphäre manchmal auch die »logische« oder »ordentliche« Seite. Vor allem Kinder (die für Biofeedback- und Interactive-Brain-Feedback-Training besonders gut geeignet sind) können mit diesen Begriffen sehr viel mehr anfangen als mit abstrakten Beschreibungen. Die linke Gehirnhälfte ist der Wissenschaftler in uns. Sprechen, Schreiben und mathematische Fähigkeiten befinden sich in dieser Gehirnhälfte. Das ist auch einer der Gründe, warum eine ausreichend starke Aktivität der linken Hemisphäre zu besseren Leistungen in der Schule führt. Genaueres dazu finden Sie aber später im Kapitel »Lernen«. Die linke Gehirnhälfte ist das Zentrum aller Regeln und Gesetze. Sie merkt sich Namen und in ihr sitzt das Zeitgefühl. Menschen mit einer starken Linkshirndominanz werden oft als vernünftig, klug, aber auch trocken und streng bezeichnet. Strebsame Menschen zeigen ebenso oft eine sehr starke Linkshirnaktivität.

Die rechte Gehirnhälfte

Einen starken Kontrast zur linken Gehirnhälfte stellt ihr Gegenstück, die rechte Hemisphäre, dar. Im Kindertraining bezeichnen wir die rechte Seite als die »kreative« und »gefühlsbetonte« Seite.

Linke Gehirnhälfte	Rechte Gehirnhälfte
der Wissenschaftler	der Weise
digital	analog
analysieren	spekulieren
mathematisch	symbolisch
zeitlich orientiert	räumlich orientiert
bewusst	unbewusst
realistisch	neugierig
vermeidet Risiken	liebt Risiken
stellt Regeln auf	bricht Regeln
kontrolliert	spielt
rational	ungeduldig
vermeidet Fehler	offen für Neues
dominieren	fantasieren
logisch	subjektiv
merkt sich Namen	merkt sich Gesichter
linear	intuitiv
detailliert	kreativ
analysieren	träumen
spricht das Wort	sieht das Bild
Argument	Erfahrung
beobachten	fühlen
konsequent	sprunghaft
nüchtern	charismatisch
vernünftig	genießerisch

Das trifft es im Grunde auch ganz gut. Die rechte Gehirnhälfte ist der Weise und Chaotische in uns. Sie steht für Kunst und Kunstempfinden. Musik, Malerei und andere Künste leben in der rechten Gehirnhälfte. Sie arbeitet mit Hilfe von Bildern und Symbolen. Oft bricht sie in ihrer Kreativität und ihrem Chaos Regeln. Wo sich die linke Hirnhälfte Namen gut einprägen kann, merkt sich die rechte Hemisphäre viel eher Gesichter und besondere äußere Merkmale. Alles, womit rechtshirnige Menschen zu tun haben, wird visualisiert. Rechtshirndominante Menschen sind oft genießerisch, charismatisch, witzig, aber auch inkonsequent und chaotisch. Sie haben meistens ein schlechtes Zeitgefühl und glauben mehr, als sie wissen.

Sehen, wie es wirklich ist ...

Natürlich sind diese beiden Beschreibungen nur Aufzählungen von Eigenschaften. Wenn wir von einem Rechtshirnigen sprechen, so bedeutet das nicht zwangsläufig, dass alle Eigenschaften der rechten Gehirnhälfte zu 100 % in dieser Person manifestiert sind. Jeder Mensch besitzt zwei Hirnhälften und nutzt auch beide. Vermutlich wird sich aber ein Linkshirntyp mehr für logische Inhalte wie Mathematik interessieren als ein rechtshirniger Mensch. Dieser wird sich vielleicht eher für Musik oder andere Kunstformen begeistern. Tatsache ist, dass beide Hemisphären verbunden sind (man nennt diese Verbindung den »Balken«) und sie ständig miteinander kommunizieren. Wenn wir eine komplizierte Rechnung lösen, ist es bei so gut wie jedem Menschen die linke Hirnhälfte, die sich mit den Rechenoperationen an sich befasst, während die rechte Gehirnhälfte im Optimalfall abschätzt, ob das Ergebnis überhaupt richtig sein kann.

Wenn wir noch einmal zusammenfassen, erkennen wir also,

dass unser Denken durch drei große Bausteine beeinflusst bzw. gewährleistet wird:

1. die linke Gehirnhälfte (Logik, Systematik, Mathematik usw.)
2. die rechte Gehirnhälfte (Kreativität, Emotionalität, Kunst usw.)
3. das limbische System & das Stammhirn (Überleben, Triebe, Angst usw.)

Mit Hilfe dieser drei Elemente können Sie die Denkmuster eines jeden Menschen einordnen und verstehen lernen. Um auch das Handeln eines Menschen unter Stress zu verstehen, muss man sich zusätzlich noch die Nerven- oder Stresstypen ansehen.

DIE STRESSTYPEN

Vermutlich haben Sie schon einmal vom vegetativen Nervensystem gehört. Man nennt es auch das autonome Nervensystem. Das ist jenes System in uns, im menschlichen Körper, das den Körper im wahrsten Sinne des Wortes anstartet oder dämpft. Es arbeitet überwiegend unabhängig von unserem Willen und reguliert Vorgänge in unserem Organismus, die meist unbewusst und automatisch ablaufen. Dieses System besteht aus zwei Teilen: dem sympathischen und dem parasympathischen Nervensystem. Dabei stellt der sympathische Teil den aktivierenden Part dar, während der Parasympathikus für dämpfende Funktionen zuständig ist. In akuten Situationen ist es das vegetative Nervensystem, das unseren Körper in den jeweils angebrachten Zustand bringt. Droht Gefahr, aktiviert uns der Sympathikus, wollen wir uns entspannen, sorgt der Parasympathikus (manchmal auch Vagus genannt) für die entsprechenden Körperreaktionen. In einem gesunden Körper arbeiten sowohl Sympathikus als auch Parasympathikus im Einklang und völlig reibungslos. Durch dauerhaften Stress oder Angst - um nur ein Beispiel zu nennen - kann sich dieses System jedoch verstellen, was zu Krankheiten oder ganz einfach Unwohlsein führen kann. Wie auch bei der Gehirndominanz bevorzugen die meisten Menschen eine dieser beiden Nervenreaktionen mehr als die andere. Die beiden Typen nennt man Sympathikotoniker (ein Mensch mit erhöhter Sympathikusreaktion) und Vagotoniker (jemand, der eine erhöhte Aktivität des Parasympathikus/Vagus aufweist). Beide Typen zeigen deutliche Muster, die zumeist auch nach außen hin erkennbar sind - wenn man genau hinsieht, denn wie bei den Gehirntypen gibt es auch bei den Nerventypen sogenannte »Blender«. Das sind Personen, die gelernt haben, natürliche Reaktionen zu unterdrücken oder zu überspielen. Sie wollen ihre Umwelt glauben machen, sie wären ganz anders, als sie es wirklich sind, oder aber sie versuchen sich dem anzupassen, was man von ihnen erwartet. Hierzu ein kleines Beispiel: Niemand möchte gerne im Büro neben einem Kollegen sitzen, der ständig Wutanfälle hat. Dieser wird daher versuchen, sich in seinen Reaktionen zurückzuhalten.

Der Sympathikotoniker (der überaktivierte Typ)

Sympathikotoniker findet man am häufigsten unter den Linkshirntypen. Grund dafür ist, dass sich beide Systeme gut miteinander vertragen und so das »geringste Übel« darstellen. Das soll jedoch nicht bedeuten, dass es keine sympathikotonischen Rechtshirntypen gibt, denn davon gibt es genug, glauben Sie mir. Sympathikotoniker fühlen sich häufig angespannt (und sind es in den meisten Fällen auch). Sie neigen zu Bluthochdruck, was sich in Form von häufigem Erröten zeigen kann. Auch Kopfschmerzen sind ein Thema für diesen Nerventypen, denn Sympathikotoniker neigen dazu, unter Stress die Blutgefäße zusammenzuziehen. Das ist ein uraltes Programm aus der Steinzeit, das sich bis heute gehalten hat. Tauchte irgendwo ein wildes Tier auf, reagierte in vielen Fällen sofort der Sympathikus aktivierend, um den Körper zur Flucht zu bewegen. Der Organismus zieht in solch einer Situation das Blut aus der Peripherie, also vor allem aus den Händen und Füßen. Sinn und Zweck des Ganzen sind leicht ersichtlich. Auf der Flucht brauchen wir beispielsweise keinerlei Sensibilität in den Händen. Wenn man sich unterwegs an einem Busch schneidet, sollte in der Extremsituation, in der wir uns befinden, kein Blut fließen, und der Schmerz ist auch nebensächlich. Wir sehen also deutlich, wie gut unser Körper eigentlich für das Überleben in der Wildnis geeignet ist. Tatsächlich benötigen wir diese Reaktionen in der heutigen Zeit viel seltener als in der Steinzeit. Heute ist unser Organismus noch genauso gestrickt und leider nicht in der Lage, zu unterscheiden, ob ein Stress nun durch eine Umstrukturierung der eigenen Firma oder durch lebensbedrohliche Umstände bedingt ist. Sympathikotoniker reagieren auf Stress stets aktiv, extravertiert, aggressiv und mit erhöhter Muskelspannung. Unbewusst spannen sie Rumpf-, Rücken- und Schultermuskeln an. Außerdem neigen sie dazu, unter Stress betont aufrecht zu gehen. Viele Sympathikotoniker spüren die Verspannungen, die bei Stress entstehen, und greifen deswegen zum Alkohol als Beruhigungsmittel. Auf Dauer kann daraus ein Suchtproblem entstehen.

Der Vagotoniker (der unteraktivierte/gedämpfte Typ)

Vagotoniker sind Menschen, bei denen unter Stress eine erhöhte Aktivität des Parasympathikus entsteht. Meistens sind das eher rechtshirnige Menschen, aber wie schon beim Sympathikotoniker erwähnt, sollte man sich davor hüten, zu verallgemeinern. Vagotoniker werden oft missverstanden. Äußerlich merkt man betroffenen Menschen nämlich so gut wie keine Reaktion an, wenn es zu einer stressigen Situation kommt. Sie wirken in der Regel ruhig und beherrscht. In ihrem Inneren sieht das allerdings anders aus. Wo Sympathikotoniker dazu neigen, zu explodieren, fressen Vagotoniker alles in sich hinein. Übelkeit, Kreislaufprobleme, Magen-Darm-Beschwerden und ähnliche Symptome stehen an der Tagesordnung, wenn Vagotoniker Dauerstress ausgesetzt sind. Auf Grund der Blutleere im Kopf, die durch einen rapiden Abfall des Blutdrucks bewirkt wird, leiden Vagotoniker auch unter Konzentrationsschwierigkeiten in solchen Situationen. Weitere häufig auftretende Symptome sind Schwindelgefühle, depressionsähnliche Zustände oder grundlose Müdigkeit. Vagotoniker erkennt man auch oft an ihrer gebückt-frustrierten Haltung, wenn sie Kummer haben.

Kombinieren wir die Gehirndominanz, den Anteil des Stammhirns bzw. limbischen Systems und den Nerven- oder Stresstypen miteinander, erhalten wir in der Regel ein sehr genaues Bild der Person, mit der wir zu tun haben. Im Normalfall stellen wir diese Neigungen mit Hilfe unserer Messtechnik fest. Die Gehirnaktivitäten können wir mit einer Messung der Ultralangsamen Potenziale (ULP) messen. Der Stresstyp wird auf Grund der Veränderung von Temperatur, Puls und Hautleitwert bzw. Hautwiderstand in der Peripherie (Hände, Füße, Kopf) ermittelt. Schon früh haben wir aber auch begonnen, einheitliche Testverfahren zu entwickeln, um uns dem Ergebnis dieser Messungen, die sonst nur im Rahmen eines Einzeltrainings oder eines Seminars gemacht werden können, möglichst gut anzunähern. Über die Jahre haben sich diese Testverfahren sehr stark verändert und sind heute zuverlässiger denn je. In der Messpraxis merken wir immer, dass die Testergebnisse bei ehrlichem Beantworten beinahe identisch mit den Messergebnissen sind.

Wir wollen Ihnen an dieser Stelle die Möglichkeit geben, diesen erweiterten Standardtest durchzuführen. Sollten Sie schon einmal einen ähnlichen Test gemacht haben (z. B. bei einem unserer Seminare), empfehlen wir Ihnen trotzdem, den Test zu wiederholen. Der menschliche Geist und der Organismus sind lebendig und können sich situationsbedingt auch verändern.

TEST

Testen Sie sich selbst! Der Gehirndominanz- und Stresstest

Der nachfolgende Test dient dazu, Ihren Stresstypen (Nerventypen) und Ihre Gehirndominanz zu ermitteln. Das Ergebnis dieses Tests hilft vor allem dabei, im weiteren Verlauf dieses Buches das Trainingsprogramm besser nutzen zu können, welches wir für Sie zusammengestellt haben. Stark rechtshirnige Sympathikotoniker profitieren von bestimmten Übungen, die einem Vagotoniker mit ausgeglichenem Gehirn nur wenig bringen. Beantworten Sie die Fragen in diesem Test also in eigenem Interesse instinktiv und ehrlich!
Kreuzen Sie die Punkte an, die weitgehend auf Sie zutreffen!

Faktor 1

1. ❑ Interessieren Sie sich für technische Geräte und ihre Vorgänge?
2. ❑ Haben Sie das Gefühl, nie genug Zeit zu haben?
3. ❑ Programmieren Sie gerne am Computer bzw. verwenden Sie gerne Tabellenkalkulationen?
4. ❑ Bevorzugen Sie es, an einem geordneten, übersichtlichen und sauberen Platz zu arbeiten?
5. ❑ Sind Ihnen logische Fakten und Abläufe lieber, als ein Gefühl für etwas zu haben?
6. ❑ Versuchen Sie in möglichst allem, was Sie machen, einen Sinn zu erkennen?
7. ❑ Lieben Sie Puzzles, Wortspiele oder Sudoku?
8. ❑ Entscheiden Sie sich meistens erst, wenn Sie alle Möglichkeiten und Eventualitäten durchdacht haben?
9. ❑ Fällt Ihnen das Ordnen von Unterlagen oder Materialien leicht?
10. ❑ Denken Sie eher logisch?

11. ❑ Halten Sie nach Möglichkeit bei Ihrer Arbeit eine gewisse Reihenfolge ein?
12. ❑ Fällt es Ihnen leicht, Dinge oder Prozesse genau zu beschreiben?
13. ❑ Sind Sie geduldig beim Lösen von komplizierten oder schweren Aufgaben?
14. ❑ Finden Sie meistens die richtigen Worte, um Ihre Gefühle zu beschreiben?
15. ❑ Sagen Sie manchmal Dinge, die andere Menschen verletzen, ohne das mit Absicht zu tun?
16. ❑ Legen Sie besonderen Wert auf saubere, geordnete Kleidung?
17. ❑ Versuchen Sie meistens, eher objektiv zu sein?
18. ❑ Erkennen Sie leicht Muster in der Handlungsweise von anderen Menschen?
19. ❑ Planen Sie gerne im Voraus oder legen Sie sich selbst Stundenpläne an, wenn Sie viel zu tun haben?
20. ❑ Achten Sie darauf, immer extrem pünktlich zu sein?

Faktor 2

1. ❑ Interessieren Sie sich für Fremdsprachen?
2. ❑ Ertappen Sie sich oft selbst beim Tagträumen?
3. ❑ Haben Sie ein schlechtes Zeitgefühl oder kommen Sie oft zu spät?
4. ❑ Interessieren Sie sich für Kunst (Malerei, Musik, Zeichnen, Tanzen usw.)?
5. ❑ Verlassen Sie sich oft einfach auf Ihr Gefühl?
6. ❑ Können Sie gut schätzen?
7. ❑ Verfügen Sie über eine gute bildliche Vorstellungskraft?
8. ❑ Sind Sie leicht zu beleidigen oder verletzen?
9. ❑ Gibt es Dinge in Ihrem Leben, an denen Sie emotional sehr hängen?

10. ❑ Benötigen Sie viel Platz bei Ihren Projekten?
11. ❑ Haben Sie oft den Eindruck, dass Sie etwas schon im Voraus gewusst haben?
12. ❑ Denken Sie oft an vergangene Erlebnisse?
13. ❑ Lernen Sie leicht, wenn Sie etwas selbst machen bzw. andere Menschen beobachten?
14. ❑ Ist Ihr Arbeitsplatz eher ungeordnet?
15. ❑ Versuchen Sie Sport eher zu vermeiden?
16. ❑ Interessieren Sie sich für Fantasy oder Science-Fiction?
17. ❑ Ist Ihnen die Gemütlichkeit von Kleidung wichtiger als das Aussehen?
18. ❑ Stellen Sie oft das Design und Aussehen von technischen Geräten (z. B. Handy, MP3-Player etc.) über deren Funktionalität?
19. ❑ Handeln Sie manchmal spontan und unüberlegt?
20. ❑ Sind Sie romantisch und sind Luxus und Schönheit für Sie wichtig?

Faktor 3

1. ❑ Haben Sie gerne viele Menschen um sich?
2. ❑ Werden Sie schnell und oft aggressiv?
3. ❑ Sind Sie manchmal traurig, ohne zu wissen, warum?
4. ❑ Denken Sie oft, dass andere Menschen besser sind als Sie?
5. ❑ Achten Sie sehr auf den Straßenverkehr? Sind Sie jemand, der in Gefahrensituationen schnell und sicher reagiert?
6. ❑ Neigen Sie dazu, sehr große Mengen zu essen?
7. ❑ Mögen Sie Filme, Bücher oder andere Medien, in denen brutale Szenen vorkommen (Horror, Action)?
8. ❑ Wenn Sie unter Druck geraten, haben Sie oft das Gefühl, einfach »weglaufen« zu wollen?

9. ❏ Sind Sie oft ohne Grund müde?
10. ❏ Können Ihnen Freunde oder Menschen, die für Sie wichtig sind, schnell etwas einreden?
11. ❏ Haben Sie schon öfter etwas gemacht, was Sie eigentlich gar nicht wollten?
12. ❏ Fürchten Sie, dass andere Fehler an Ihnen finden?
13. ❏ Ist es Ihnen egal, in einer Gruppe nicht der Anführer zu sein?
14. ❏ Rauchen Sie?
15. ❏ Trinken Sie regelmäßig Alkohol?
16. ❏ Werden Sie schnell wütend beim Autofahren?
17. ❏ Bevorzugen Sie es, in Gruppen unterwegs zu sein statt alleine?
18. ❏ Fühlen Sie sich zu Glücksspielen stark hingezogen?
19. ❏ Fällt es Ihnen schwer, anderen eine Bitte abzuschlagen?
20. ❏ Haben Sie manchmal Probleme, mit einer schönen Tätigkeit aufzuhören, auch wenn Sie das sollten?

Faktor 4

1. ❏ Neigen Sie dazu, sich bei Meinungsverschiedenheiten sofort zu verteidigen?
2. ❏ Machen Sie lange Warteschlangen ungeduldig?
3. ❏ Ist Erfolg für Sie erst dann vollkommen, wenn andere ihn anerkennen?
4. ❏ Haben Sie manchmal Angst, mit einer Aufgabe nicht rechtzeitig fertig zu werden?
5. ❏ Betreiben Sie gerne Sport?
6. ❏ Sind Sie erst dann zufrieden, wenn Sie Ihr Ziel erreicht haben?
7. ❏ Erledigen Sie lieber alle Aufgaben sofort, anstatt diese aufzuschieben?

8. ❑ Fällt es Ihnen leicht, mehrere Dinge gleichzeitig zu erledigen?
9. ❑ Sind Sie schnell und oft wütend?
10. ❑ Haben Sie viel zu viel Energie, um langsam arbeiten zu können?
11. ❑ Haben Sie aktive Hobbys?
12. ❑ Erröten Sie leicht?
13. ❑ Kann man Sie schnell nervös machen?
14. ❑ Werden Sie schnell laut, wenn Meinungsverschiedenheiten auftreten?
15. ❑ Haben Sie schon einmal im Zorn etwas zerstört oder beschädigt?
16. ❑ Machen Sie sich selbst manchmal zu viel Druck?
17. ❑ Haben Sie am liebsten immer irgendetwas zu tun?
18. ❑ Haben Sie oft kühle Hände oder Füße?
19. ❑ Neigen Sie dazu, schwitzende Hände in Stresssituationen zu haben?
20. ❑ Machen kleine Mengen Alkohol Sie angenehm ruhig und entspannt?

Faktor 5

1. ❑ Lassen Sie sich Zeit, ohne dabei langsam zu sein?
2. ❑ Stört es Sie, wenn jemand anderer Meinung ist als Sie?
3. ❑ Sind Sie der Meinung, dass es sich nicht lohnt, sich aufzuregen?
4. ❑ Bleiben Sie beim Warten in einer Schlange meistens geduldig?
5. ❑ Ist Ihnen egal, was andere von Ihnen denken, solange Sie mit sich selbst zufrieden sind?
6. ❑ Erledigen Sie Aufgaben immer nacheinander?
7. ❑ Stellen Sie sich manchmal vor, dass Sie etwas nicht schaffen?

8. ❑ Ist Ihr Motto: Was ich heute nicht schaffe, erledige ich morgen?
9. ❑ Lieben Sie ruhige Musik, Sonnenbaden, Spazierengehen, Lesen und Relaxen?
10. ❑ Sind Ihnen innere Ruhe und Ausgeglichenheit wichtiger, als »der Beste« zu sein?
11. ❑ Sind Sie Sport eher abgeneigt?
12. ❑ Haben Sie interessante, aber ruhige Hobbys?
13. ❑ Genießen Sie es, wenn Sie eine Menge Freizeit und nichts zu tun haben?
14. ❑ Haben Sie unter großem Stress Bauchschmerzen oder Magen-Darm-Beschwerden?
15. ❑ Sind Ihre Hände meist warm und trocken?
16. ❑ Wirken Sie in Stresssituationen meistens ruhig und gelassen?
17. ❑ Fällt es Ihnen schwer, beim Streiten laut zu werden?
18. ❑ Denken andere von Ihnen, dass Sie nichts aus der Fassung bringen kann?
19. ❑ Fühlt sich Ihr Kopf in extremen Stresssituationen manchmal blutleer an (bleiche Gesichtsfarbe, Schwindelgefühl)?
20. ❑ Erholen Sie sich lieber im Urlaub, anstatt ständig etwas unternehmen zu müssen?

Die Auswertung des Gehirndominanz- und Stresstests

TEST

Zählen Sie nun die Punkte zusammen, die Sie bei den einzelnen Faktoren erreicht haben. Ein Punkt bedeutet eine Ja-Antwort. Das heißt, dass die erreichte Punktezahl der Anzahl an angekreuzten Fragen im Test entspricht. Zeichnen Sie anschließend Ihre persönliche Punktezahl in die folgende Grafik ein!

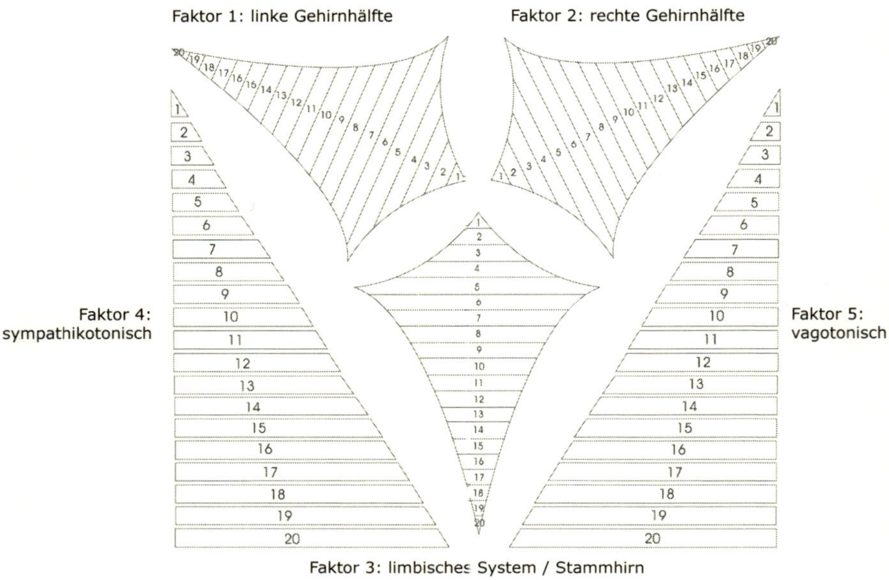

Abb. 3: Auswertung des Gehirndominanz- und Stresstests

Nehmen Sie sich einige Momente Zeit, um die Auswertungsgrafik des Tests zu studieren. Wenn Sie ehrlich geantwortet haben, kann das Ergebnis dieses Tests Ihnen fortan bei vielen Problemen und Fragen in Ihrem Leben helfen. Abgesehen davon bildet dieser Test das Fundament des Trainings in diesem Buch!

WAS IST STRESS?

Das Wort Stress ist wohl eines der meistgebrauchten Modewörter unserer Zeit, auch wenn Stress selbst so alt wie die Menschheit ist. Fast jeder fühlt sich heutzutage gestresst. Tatsächlich wird das Wort verwendet, um Hektik, Nervenaufreibendes oder belastende Situationen zu beschreiben.

In seiner ursprünglichen Form war der Stress, über den wir heute auf so selbstverständliche Art und Weise negativ sprechen, ein wichtiger Teil des Überlebensprogramms der Menschheit.

Stress in Europa

Anlässlich dieses Werks haben wir im Jahr 2008 eine Befragung durchgeführt. Dabei haben wir europäische Ärzte aus verschiedenen Bereichen der Medizin zum Thema Stress befragt. Anhand eines Fragebogens und in vielen Fällen eines persönlichen Interviews konnten wir uns ein Bild von den häufigsten stressbezogenen Gründen für einen Arztbesuch machen.

Absolute Spitzenreiter in dieser Liste waren das Rauchen (70 %), Bewegungsmangel (67,5 %), für Patienten unerklärliche Schmerzen (67,5 %), übermäßig vieles Essen (65 %) und Freizeitmangel (65 %).

Etwas seltener tauchten folgende Symptome auf: übermäßiges Kaffeetrinken (37,5 %), Alkoholprobleme (45 %), ungesunde Ernährung (57,5 %), Schlafmangel (37,5 %), Diät (42,5 %), Krankheitsverschlechterung (45 %), Krankheit in der Familie (37,5 %), fehlende Rückzugsmöglichkeiten (37,5 %), Herz-Kreislauf-Beschwerden (45 %), zu hoher Blutdruck 37,5 %), ständig kalte Hände und Füße (37,5 %), Zittern von Händen und Füßen (37,5 %), Atemnot (40 %), grundloses Schwächegefühl (45 %), Herzschmerzen (45 %), Verdauungsstörungen (45 %),

Migräne (40 %), Spannungskopfschmerzen (60 %), innere Unruhe (60 %), ständiges Verlangen nach Schlaf (45 %), oft starke Nervosität (50 %), Kopfschmerzen (45 %), Muskelverspannungen (60 %), Rücken- und Kreuzschmerzen (55 %), Probleme beim Einschlafen (45 %), häufiges Erwachen in der Nacht (40 %), Konzentrationsschwierigkeiten (45 %), starkes Schwitzen (50 %), Druckgefühl in der Brust (50 %), unregelmäßiges Essen (50 %), Alkohol- oder Medikamentkonsum als Einschlafhilfe (50 %), Alkohol als Entspannungsmittel (45 %) wie auch Tinnitus (50 %).

Man merkt deutlich, dass die Zahl der stressbedingten Arztbesuche in den letzten Jahren größer geworden ist. In vielen europäischen Ländern stehen heute hinter Arztbesuchen zu rund 50–70 % Stresssymptome. Stress stellt in Bezug auf die Sterblichkeit in diesen Ländern bereits einen höheren Risikofaktor als Rauchen dar. Der Trend macht sich bemerkbar, wenn man die am meisten verschriebenen Medikamente genauer betrachtet. Eine große Zahl zielt vor allem auf die Bekämpfung von teilweise stressbedingten Krankheiten ab (Antidepressiva, Beruhigungsmittel oder Medikamente zur Behandlung von Bluthochdruck).

Selbstverständlich variieren die Probleme, mit denen Patienten zum Arzt ihres Vertrauens kommen, sehr stark. Daher ist auch das Feedback sehr vielfältig. So merkt Univ.-Prof. DDr. Wolfgang Bigenzahn, Leiter der Klinischen Abteilung für Phoniatrie und Logopädie an der Univ.-HNO-Klinik am Allgemeinen Krankenhaus Wien, dass offenbar immer mehr Menschen mit dem Symptom »Tinnitus« konfrontiert sind, zudem die Häufigkeit der psychosomatischen Erkrankungen allgemein stark zuzunehmen scheint.

Wie sich Stress auf den Körper auswirkt ...

Stress und Angst sind mehr als bloße Ärgernisse. Neben einem raschen Leistungsabfall unter Stressbelastung leiden auch verschiedene Bereiche des menschlichen Körpers darunter. Eine Verschlechterung des Gesundheitszustands ist praktisch vorprogrammiert. Diese kurze Übersicht soll Ihnen einen Einblick in besonders gefährdete Bereiche geben.

Beachten Sie, dass sich viele der beschriebenen Effekte vor allem dann einstellen, wenn der Organismus eines Menschen dauerhaft Stress ausgesetzt wird.

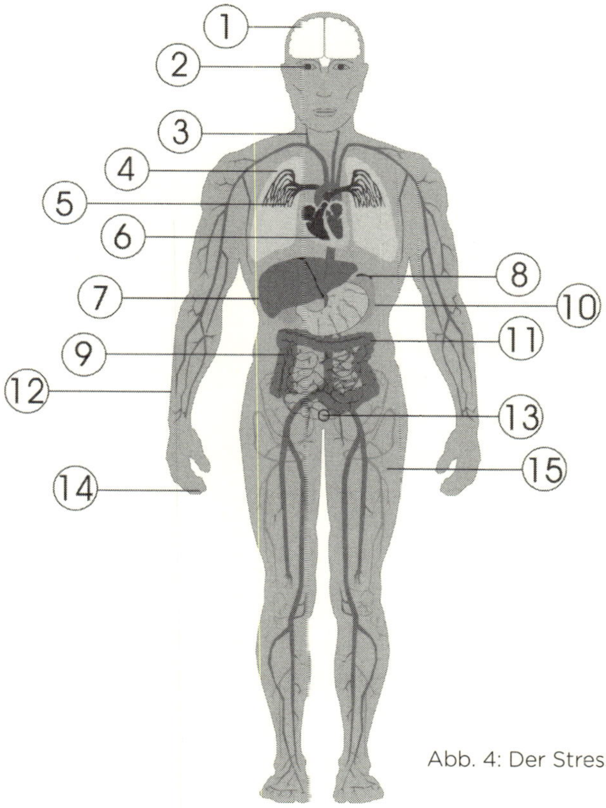

Abb. 4: Der Stresskörper

1. Das Gehirn, Amygdala – Neokortex
»Jemandem die Stirne bieten.« »Sich den Kopf zerbrechen.«
Bei Stress, Streit, Angst oder Panik versetzt die Amygdala unseren Organismus schlagartig in den Angriffs- oder Fluchtmodus. Jedes Organ, das sympathische Nervensystem und jede Zelle des Körpers werden in Alarmbereitschaft versetzt. Logisches Denken wird sofort blockiert und weicht den Überlebensinstinkten.

2. Die Augen
»Augen auf bei Gefahr.«
Durch die Stresshormone Adrenalin, Noradrenalin und Cortisol weiten sich die Pupillen, um die Sicht zu verbessern. Damit sollen mögliche Bedrohungen schnell erkannt werden. Instinktiv werden die Augen weit aufgerissen.

3. Blutgefäße, Blut
»Mir kocht das Blut.«
Erhöhter Blutdruck und Herzschlag verringern die normale Elastizität der Blutbahnen, der Druck erhöht sich dadurch weiter. Die Blutungsneigung nimmt ab. Der Blutgerinnungsfaktor erhöht sich (das Blut gerinnt schneller für den Fall einer Verletzung). Im Stress besteht dadurch eine erhöhte Gefahr zur Thrombosenbildung!

4. Die Lunge
»Da bleibt mir die Luft weg.«
Die Atemfrequenz steigt schnell. Der Körper nimmt zu viel Sauerstoff (O_2) auf, um unmittelbar auf eine vermeintlich bedrohliche Situation besser reagieren zu können. Dabei atmet man zu viel Kohlendioxid (CO_2) ab. Bei andauerndem Stress oder Angstzuständen ist Hyperventilieren die Folge. Diese Atmung

kann Panikattacken nach sich ziehen. Langzeitängste können außerdem Asthma verursachen.

5. Die Bronchien
»Ich fühle mich beklemmt.«
Die Bronchien dehnen sich und die Lunge nimmt anfänglich mehr Sauerstoff auf. Durch Hyperventilieren wird nach einiger Zeit der natürliche Gasaustausch in der Lunge gestört. Durch zu starkes Abatmen von Kohlendioxid (CO_2) wird die Abgabe des Sauerstoffs aus der Blutbahn an das Gewebe erschwert.

6. Das Herz
»Ich explodiere vor Wut.«
Arbeitet im Stress das sympathische Nervensystem auf Hochtouren, so schlägt auch das Herz schneller. Im Normalfall pumpt das Herz etwa 300 Liter Blut durch den Körperkreislauf. Unter Stressbelastung pumpt unser Herz mehr als 900 Liter (also mehr als das Dreifache). Bei Panikzuständen kann sich die Pumpleistung noch weiter erhöhen. Da werden schließlich die Blutgefäße und die Herzkranzgefäße enorm unter Druck gesetzt. Der Blutdruck steigt!

7. Die Leber
»Ich ärgere mich gelb und grün, da geht mir die Galle hoch.«
In Form von Glykogen gespeicherte Zuckerreserven werden in Glukose umgewandelt. Das bringt zusätzliche Energie für die Muskeln. Danach wird gespeicherte Energie in Form von Fett in verbrauchbaren »Treibstoff« umgewandelt.

8. Die Nieren/Nebennieren
»Das geht mir an die Nieren.«
Bei Stress und potenzieller Gefahr sondern die Drüsen der Ne-

bennierenrinde das Stresshormon Cortisol ab. Eine Überdosis Cortisol greift Knochen und Muskeln an. Es schwächt auf direktem Weg das Immunsystem, indem es die Immunreaktion bremst. Für das Immunsystem wird in Zeiten der »Gefahr« keine Energie zur Verfügung gestellt, denn alle vorhandene Energie geht in die Muskeln, um den Organismus kampf- oder fluchtbereit zu machen. Dieser Zustand wird aufrechterhalten, solange der Stress anhält.

9. Der Darm I
»Ich weiß nicht, ob ich das verdauen kann.«
Öfter auftretende Blähungen, Verstopfung oder Durchfall sind erste Anzeichen von Dauerstress. Dauerhafter Stress und Angstzustände können einen Reizdarm zur Folge haben. Der Darm wird anfällig für Geschwüre.

10. Der Magen
»Das liegt mir schwer im Magen.«
Die Blutgefäße im Magen verengen sich und die Verdauung wird vorübergehend ausgesetzt, um für notwendige Aktionen Energie zu sparen. Die verlangsamte Verdauung führt zu erhöhter Magensäureproduktion. Die Folgen sind: Sodbrennen, Übelkeit und die Neigung zu Magengeschwüren, aber auch Durchfall oder Brechreiz. In späterer Folge ist oft Übergewicht eines der entstehenden Probleme. Der Körper möchte in Ruhephasen Energiereserven für die nächste zu erwartende Krise bzw. Stress-Angst-Situation bereitstellen. Je länger ein Mensch unter Dauerstress steht, umso extremer fällt die Gewichtszunahme aus.

11. Der Darm II

»Das muss ich erst einmal verdauen.«

Während der Körper unter Stress steht, wird dem Darm Blut entzogen, welches er eigentlich zur Verdauungsarbeit braucht. Dieses Blut fließt bei Stress vor allem in Arm- und Beinmuskeln. Flucht und Angriff haben Vorrang vor Verdauung.

12. Die Haut

»Das geht mir unter die Haut.«

Die Schweißdrüsen arbeiten auf Hochtouren, um den Körper zu kühlen, die Hände werden dabei oft sichtbar feucht. Schweißperlen können dabei auch auf dem Kopf, besonders auf der Stirne, auftreten. Die Durchblutung der Haut wird verringert, damit möglichst viel Blut den Muskeln zufließen kann. Die Hände, vor allem die Fingerspitzen, können nun kühl werden. Bei Langzeitstress kann die Wundheilung gestört oder unterdrückt werden. Der Körper wird anfällig für Infektionen. Die Haut regeneriert sich schlechter bzw. altert schneller.

13. Geschlechtsorgane

»Ich habe zu nichts Lust.«

Bei längeren oder öfter auftretenden Stresszuständen wird die Produktion der Geschlechtshormone gedrosselt. Erektionsstörungen bei Männern und sexuelle Probleme bei beiden Geschlechtern treten vermehrt auf. Stressbedingte Impotenz ist eine der möglichen Folgen.

14. Die Finger

»Meine Finger sind ganz klamm.«

Vor allem die Fingerspitzen werden (bis unter 25 °C) kalt. Handflächen und Fingerspitzen werden in vielen Fällen feucht. Bei Vagotonikern kann anfänglich eine Gegenreaktion bei Stress auftreten. Dabei werden die Finger und Hände anfänglich warm und trocken. Später treten die genannten Stressreaktionen ein. Eine Migräneneigung kann hierbei entstehen oder wird weiter verstärkt.

15. Die Muskeln

»Das ertrage ich nicht länger.« »Das lastet schwer auf mir.«

Die Muskeln der Beine und Arme werden besser mit Blut versorgt. Die Blutgefäße in den großen (quer gestreiften) Muskeln weiten sich. Nacken-, Hals und Schultermuskeln beginnen sich anzuspannen und erstarren in vielen Fällen förmlich. Bei Dauerstress entstehen dann Spannungskopfschmerzen, Muskelschmerzen oder Probleme mit der Wirbelsäule (z. B. Hexenschuss). Die Langzeitfolge ist eine Unfähigkeit, die Muskelspannung wieder abzubauen – selbst im Schlaf.

Wenn man ein wenig weiter in die Tiefe geht, sieht man, dass Stress auch auf zellulärer Ebene ernstzunehmende Schäden verursachen kann. Univ.-Doz. DI DDr. Hans Schön, Facharzt für medizinische und chemische Labordiagnostik, Arzt für Allgemeinmedizin, Ziviltechniker und Ingenieurkonsulent für Biologie (Humanbiologie, Humangenetik, Humanökologie) hat uns für das Mentaltraining der Sieger eine seiner Arbeiten zur Verfügung gestellt, die Ihnen einen kurzen Einblick in die Thematik des oxidativen Stresses gewähren soll.

Prävention von »Free radical diseases« durch Ernährung und gezielte Supplementation von Mikronährstoffen

Oxidative Schäden an Zellmembranen und somit an organspezifischen Zellen werden von reaktiven Sauerstoff-Spezies (reactive oxygen species, ROS) verursacht. ROS entstehen vermehrt in den Mitochondrien, den »Kraftwerken« der Zelle, während der Energiegewinnung, bei entzündlichen Erkrankungen (»respiratory burst«) und beim Abbau von Histamin und Homocystein durch Enzyme (Biokatalysatoren der Zelle). Homocystein ist eine blutgefäßschädigende Aminosäure, die das Schlaganfallsrisiko erhöht.

Exogene Faktoren für oxidativen Stress sind Nikotin- und Alkoholkonsum, Umweltschadstoffe (Schwermetalle, Ozon, NOx, Nitrate, toxische Chemikalien), UV-Strahlung (Photooxidation), einseitige und kalorienreiche Ernährung, Leistungssport, Entgiftung von Xenobiotika und Arzneimitteln in der Leber, Verminderung des antioxidativen Potenzials durch Interaktion zwischen einem Arzneimittel und körpereigenen Mikronährstoffen.

Liegt ein Überschuss an ROS und/oder ein Mangel an Antioxidantien vor, befindet sich der Organismus unter oxidativem Stress. Freie Radikale und reaktive Sauerstoffderivate sind als aggressive Zellgifte zum Teil eigenständige Risikofaktoren, die beteiligt sind an der Entstehung und Progression von »free radical diseases« wie kardiovaskulären Erkrankungen, Diabetes mellitus, Autoimmunerkrankungen und erworbener Immunschwäche, neurodegenerativen Erkrankungen wie amyotropher Lateralsklerose, Morbus Parkinson, Morbus Alzheimer, Multipler Sklerose, psychischer Instabilität und Depressionen, Katarakt und altersbedingter Macula-Degeneration, chronischen Gelenkerkrankungen und Rheuma, chronisch obstruktiven Atemwegserkrankungen, chronischer Pankreatitis, Nahrungsmittelunverträglichkeiten, Krebserkrankungen, ausgelöst durch genetische Veränderungen in den tumorunterdrückenden Genen oder Aktivierung von Transkriptionsfaktoren (DNA-bindenden Proteinen mit genregulierenden Eigenschaften).

Auch typische Symptome des Alterungsprozesses wie das Nachlassen der Sehkraft, des Hörvermögens, der Gedächtnisleistung und der körperlichen Leistung korrelieren mit der Abnahme antioxidativer Enzymaktivitäten.

Gegenspieler der Stressverursacher ROS sind Radikalfänger wie: die Enzyme vom Typ der Peroxidasen, Katalasen, die eisen-, zink-, kupfer- oder manganabhängigen Superoxid-Dismutasen, die selenhaltigen Glutathion-Peroxidasen als Antioxidans für Lipidperoxide (Oxidationsprodukte von Zellmembranen), Mikronährstoffe wie die Vitamine E (Tocopherole), Ubichinon (Coenzym Q10), Carotinoide (beta-Carotin, Zeaxanthin, Lycopin), Vitamin C (Ascorbinsäure), vitaminähnliche Substanzen wie L-Glutathion, L-Cystein, alpha-Liponsäure und wasserstoffübertragende Cosubstrate wie NADH einschließlich der essenziellen Spurenelemente Eisen, Selen, Mangan, Zink, Kupfer und Molybdän.

Auch sekundäre Pflanzenstoffe wie die Polyphenole sind in der Lage, reaktive Sauerstoffintermediate (ROS) abzufangen. In ihrer antioxidativen und zellschützenden Funktion sind die pflanzlichen Polyphenole den Vitaminen überlegen. Die Flavonoide Quercetin (in Äpfeln, Zwiebeln und Weintraubenschalen), Rutin (im Buchweizen, in Maulbeeren und Petersilie), Anthocyane (in Himbeeren, Heidelbeeren und roten Weintrauben), oligomere Proanthocyanidine (in Erdnüssen, Schalen und Kernen der Weintrauben), Epigallocatechingallat im grünen Tee und die »Anti-Aging«-Substanz Resveratrol (vor allem in Weintrauben, Himbeeren, Maulbeeren und Erdnüssen) gehören zu den besten pflanzlichen Antioxidantien.

Gemeinsam mit Niacin (Vitamin B_3) aktiviert Resveratrol das Langlebigkeitsgen SIRT 1 und zeigt experimentell lebensverlängernde Wirkung. Die Polyphenole des Granatapfels werden besser vom Organismus aufgenommen als andere pflanzliche Polyphenole und zeigen daher eine wesentlich höhere antioxidative Wirkung. Sekundäre Pflanzenstoffe regenerieren andere Antioxidantien wie Vitamin C, Vitamine E und L-Glutathion (GSH) und verstärken durch ein »Redoxrecycling« deren antioxidative Wirkung.

Durch den Konsum von biologisch hochwertigen, pflanzlichen Lebensmitteln, die besonders reich an antioxidativen Mikronährstoffen und sekundären Pflanzenstoffen sind, kann das antioxidative Potenzial des Organismus erhöht und die Folgen des oxidativen Stresses wie die Lipidperoxidation, Bildung von Entzündungsmediatoren, vaskuläre Schäden, erhöhte Thrombozytenaggregation, erhöhtes Schlaganfallsrisiko, erworbene chronische Erkrankungen oder die Progression neurodegenerativer Erkrankungen minimiert werden.

Je nach Art der Nahrungszubereitung, vor allem durch zu starkes Erhitzen der Speisen oder Schälen von Obst und Gemüse, sinkt der Gehalt an biologisch verfügbaren Vitaminen und sekundären Pflanzenstoffen. So wie die gesetzlich vorgeschriebene Folsäure-Supplementierung von Grundnahrungsmitteln (150 Qg Folsäure pro 100 g Mehl) in den USA und Kanada das Risiko für Schlaganfall hochsignifikant reduzierte ($p = 0{,}0005$), könnte eine Anreicherung von nicht ausreichend biologisch hochwertigen Nahrungsmitteln mit Mikronährstoffen die Folgen des oxidativen Zellstresses minimieren.

Der Malondialdehyd-(MDA-)Gehalt im Blut ist ein Maß für den individuellen oxidativen Zellstress. Durch Messungen an einem eigenen heterogenen Probandenkollektiv konnte gezeigt werden, dass Patienten mit hohen MDA-Konzentrationen grundsätzlich einen reduzierten Antioxidantienstatus aufweisen. Eine erhöhte MDA-Konzentration im Blut weist auf eine erhöhte Lipidperoxidation und ein erhöhtes Arteriosklerose-Risiko durch oxidativen Stress hin. Von den 478 Probanden lagen 73 (15,3 %) über dem angegeben Referenzbereich. Bei den 1.616 Probanden mit gemessenem Antioxidantienstatus lagen 282 (17,5 %) mit zu geringem Antioxidantienwert unter dem Referenzbereich.

Literatur: Univ.-Doz. DDr. Hans Schön, zitiert aus der Master-Thesis: Beeinflusst eine mikronährstoffreiche Ernährung das antioxidative Potenzial und den oxidativen Stress bei geriatrischen Patienten?, Juli 2008, Donauuniversität Krems, Österreich.

Burnout

Als Burnout wird ein geistiger, körperlicher und vor allem ein mentaler Erschöpfungszustand bezeichnet, der sich über Wochen, Monate und bisweilen auch über mehrere Jahre hinziehen kann. Einfacher ausgedrückt könnte man sagen: Die innere Batterie ist leer!

Der Beginn einer Burnout-Krise erscheint für die Umgebung und für den Betroffenen selbst erst einmal positiv. Prädestinierte Burnout-Kandidaten werden im Normalfall als äußerst aktiv, dynamisch, innovativ, ideenreich und engagiert beschrieben. Dies zeichnet sich oft durch vermehrten Einsatz und freiwillige Mehrarbeit aus. Subjektiv entsteht oft der Eindruck der eigenen Unentbehrlichkeit im Betrieb, und langsam schleicht sich das Gefühl ein, eigentlich nie mehr so richtig Zeit zu haben. Damit verbunden ist fast immer eine wachsende Verleugnung der eigenen Bedürfnisse. Zwischenmenschliche Kontakte mit Freunden, Verwandten, dem Partner, Arbeitskollegen, Nachbarn und Bekannten werden mehr und mehr vernachlässigt. Misserfolge und Enttäuschungen werden oft gar nicht mehr wahrgenommen.

Das Hauptproblem des Burnout-Syndroms besteht darin, dass es sich um einen Teufelskreis handelt. Wenn man merkt, dass der eigene Körper und der Geist den Anforderungen, die man an beide stellt, nicht mehr gerecht werden können, macht man sich nur noch mehr Druck bzw. Stress. In einer fatalen Spirale arbeitet man sich immer weiter und weiter in ein Burnout hinein. Ohne ein Umdenken handelt es sich dabei um einen kaum aufhaltbaren Prozess. Doch wie macht sich ein Burnout überhaupt bemerkbar?

Zunächst hat man den Eindruck, zu wenig Zeit für sich zu haben und immer am Ball bleiben zu müssen. Dann kommen chronische Müdigkeit, Stimmungsschwankungen, Ärger, Angstgefühle, Schlafstörungen und das Nachlassen der Energie und des Engagements hinzu. Reizbarkeit, Resignation und das Gefühl, ausgeliefert zu sein, stellen sich ein.

Auslöser eines Burnouts sind Stress, Überarbeitung, Überforderung, falsches Haushalten mit Zeit und Energie. Daraus resultiert eine Überaktivierung des limbischen Systems, verbunden mit falscher Atmung. Wir konnten bei fast allen durch Burnout Betroffenen eine Überaktivierung der Amygdala und eine Überaktivierung des rechten Schläfenlappen feststellen. Dazu kommen niedere Hirnpotenziale vor allem im linken vorderen Hirnbereich (im frontalen und präfrontalen Stirnhirn). Die Energie ist im wahrsten Sinne des Wortes fort. Die Bezeichnung »ausgebrannt« bekommt durch diese Erkenntnisse eine wirklichkeitsnahe Bedeutung. In unserer Praxis konnten wir das Problem schnell wieder in den Griff bekommen durch eine Umstellung der Atmung (entstressendes Atmen) und Abbau von Muskelverspannungen mittels Biofeedback-Training, und um den Prozess zu beschleunigen, wurde eine entspannende Stimulierung des Schläfenlappens und der Amygdala durchgeführt. Nach 10 Trainingssitzungen konnten wir die Burnout-Zustände so in den Griff bekommen und vor allem dafür sorgen, dass der Betroffene nicht wieder in diesen verhängnisvollen Zustand fällt. Einige der Übungen und Trainingsanleitungen finden Sie in den folgenden Kapiteln dieses Buches.

Um feststellen zu können, wie sehr Sie selbst in die Burnout-Zielgruppe fallen bzw. ob Sie bereits unter Burnout leiden, haben wir Ihnen an dieser Stelle einen Test bereitgestellt. Füllen Sie diesen bitte gewissenhaft und ehrlich aus!

TEST

Burnout-Test

Kreuzen Sie im folgenden Test alle Fragen an, auf die Sie mit »Ja« antworten würden. Am Ende des Tests zählen Sie die Ja-Antworten zusammen und lesen die Auswertung.

1. ❑ Haben Sie ständig das Gefühl, zu wenig Zeit zu haben?
2. ❑ Trauen Sie sich nichts mehr so richtig zu?
3. ❑ Sind Sie oft gereizt und angespannt?
4. ❑ Wachen Sie morgens oft müde und erschöpft auf, obwohl Sie genug schlafen?
5. ❑ Empfinden Sie oft einen Heißhunger auf Süßspeisen?
6. ❑ Vernachlässigen Sie in letzter Zeit immer mehr Ihre Hobbies?
7. ❑ Hat Ihr sexuelles Verlangen nachgelassen?
8. ❑ Fühlen Sie sich zunehmend angespannt?
9. ❑ Haben Sie vermehrt Kopfschmerzen oder Migräne?
10. ❑ Fühlen Sie sich verspannt im Bereich der Schultern und des Nackens?
11. ❑ Denken Sie oft, dass Sie nichts im Leben bewegen können?
12. ❑ Haben Sie oft den Eindruck, dass Ihnen alles zu viel wird?
13. ❑ Leiden Sie unter Konzentrationsschwierigkeiten?
14. ❑ Machen Sie Lärm oder Störgeräusche schnell nervös?
15. ❑ Hat Ihre Kreativität nachgelassen?
16. ❑ Haben Sie weniger Ideen als früher?
17. ❑ Fehlt Ihnen die Hoffnung auf Veränderung?
18. ❑ Fühlen Sie sich depressiv?
19. ❑ Macht Ihnen das, was Sie machen, noch Spaß?
20. ❑ Fühlen Sie sich innerlich leer und ausgelaugt?

21. ❑ Nehmen Sie Mittel zum Aufputschen?
22. ❑ Sind Sie schnell müde und kaum belastbar?
23. ❑ Haben Sie Magen- oder Verdauungsbeschwerden?
24. ❑ Leiden Sie unter Schlafstörungen (z. B. Probleme beim Einschlafen)?
25. ❑ Vernachlässigen Sie immer häufiger Ihr äußeres Erscheinungsbild?
26. ❑ Ziehen Sie sich nach und nach immer mehr von Ihren Freunden zurück?
27. ❑ Trinken Sie immer öfter Alkohol, um sich zu entspannen nach einem harten Tag?
28. ❑ Können Sie sich zu nichts Neuem aufraffen?
29. ❑ Essen Sie gerne, wenn Sie gestresst sind?
30. ❑ Benötigen Sie für Ihre Arbeiten mehr Zeit als früher?

Zählen Sie nun die Ja-Antworten zusammen! Jede Ja-Antwort entspricht einem Punkt.

Erreichte Punktezahl: ________

Auswertung des Burnout-Tests

Wenn Sie mehr als 8–9 Punkte haben, dann ist das ein Hinweis darauf, dass Sie burnoutgefährdet sind. Sie befinden sich in der Anfangsphase, in der die ersten Warnsymptome auftreten. Sie sollten etwas unternehmen, um wieder mehr in ein mentales und körperliches Gleichgewicht zu kommen. Reduziertes Engagement – depressive und aggressive Reaktionen – Abbau von Leistungsfähigkeit, Motivation und Kreativität – Verflachung im geistigen und Gemütsbereich sowie im sozialen Leben – psychosomatische Reaktionen (Herz-Kreislauf, Magen-Darm, Muskulatur, Immunsystem usw.) – Verzweiflung, Hoffnungslosigkeit und Suizidneigung: Das sind die Hinweise auf eine Anfangsphase bzw. Mittelphase von Burnout.

Tipp: Legen Sie öfter Ruhe- und Erholungsphasen ein und erlernen Sie ein gutes Entspannungsverfahren, wie zum Beispiel das in diesem Buch. Das wird Ihnen helfen, die schon vorhandenen Burnout-Symptome zu lindern. Vor allem Schnellentspannungstechniken wie die 1:4-Atmung oder die Fingerpulsübung, wie sie in diesem Buch beschrieben sind, bilden eine gute Basis.

Wenn Sie mehr als 12–15 Punkte haben, sollten Sie sich dringend um Entspannung kümmern. Die vorhandenen Burnout-Symptome weisen schon auf eine ausgeprägte Gefährdung hin. Bei anhaltenden Beschwerden ist ein Arztbesuch zu empfehlen. Ein gezieltes Schnellentspannungstraining kann Ihnen helfen, mit den Problemen fertig zu werden.

In den Praxisteilen des Buches finden Sie regelmäßig Übungen und Techniken zum Abbau von Burnout-Symptomen.

STRESS – WAS NUN?

Genauso wie Stress ein fixer Bestandteil des Lebens ist, gehört auch der Stressabbau zu einem gesunden Menschen dazu. Heute haben viele Menschen verlernt, wie man mit diesen Dauerbelastungen umgeht – die Folgen sind neben einem negativen Empfinden der ganzen Situation auch ernst zu nehmende gesundheitliche Risiken. Seit vielen Jahren schon beschäftigen wir uns mit dieser Thematik und vermitteln unser Wissen in Form von Trainings, Seminaren, Workshops und Publikationen aller Art. Im Laufe unserer Forschungs- und Trainingspraxis haben wir immer wieder neue Techniken und Übungen getestet und unsere Trainingsprogramme häufig geändert, um sie noch idealer und einfacher zu gestalten.

Im folgenden Kapitel wollen wir Ihnen ein grundlegendes Schnellentspannungs- und Entstressungstraining vermitteln, auf dem spätere Kapitel des Mentaltrainings der Sieger aufbauen.

Wir wissen nun schon, dass Stressreaktionen vor allem durch unser limbisches System gesteuert und beeinflusst werden. Die logische Schlussfolgerung lautet also, dass man durch eine positive Beeinflussung des limbischen Systems auch am schnellsten Erfolge im Anti-Stress-Training sieht. Das einzige Problem, wie wir zuvor schon erwähnt haben, besteht darin, dass eine Kommunikation mit dem limbischen System nur mühsam realisierbar ist. Analysieren wir die Formen der Kommunikation unseres limbischen Gehirns genau, bemerken wir, dass sich Nachrichten dieses Systems in Körperreaktionen äußern. Das beste Beispiel dafür ist der Stress selbst. Es ist also naheliegend, unseren Körper oder Organismus als Kommunikationsmedium zu verwenden, um das limbische System bewusst dorthin zu dirigieren, wo wir es haben wollen. Mit Hilfe einiger einfacher Übungen sind wir in der Lage, unser limbisches System konstruktiv und positiv zu beeinflussen bzw. zu manipulieren.

Dass die Zahl der Patienten im medizinischen Bereich, die über Stresssymptome klagen, zunimmt, kann auch Dr. Alfred Kislinger, Facharzt für innere Medizin, Psychoanalytiker und Psychotherapeut aus Salzburg, feststellen. Laut seinen Angaben merkt er eine Zunahme der Herz-Kreislauf-Beschwerden und Blutdruckstörungen. Darüber hinaus scheinen auch sexuelle Probleme und Erkrankungen im neurologisch-psychiatrischen Bereich zuzunehmen.

Primarius Dr. Andreas Kainz, Facharzt für physikalische Medizin, Wien, merkt ebenso einen Anstieg der stressbedingten Beschwerden bei seinen Patienten. Dabei nennt er vor allem Atemnot, Herzrasen, allgemeine Herzprobleme, Schweißausbrüche, Müdigkeit, Konzentrationsstörungen und Panikattacken.

Die Muskelentspannung, der erste Schritt zur Entstressung!

Eine der auffälligsten und häufigsten Stresssymptome ist eine erhöhte Muskelspannung. Die Zonen, die dabei am häufigsten betroffen sind, stellen die Schulter-, Nacken- und Rückenmuskeln dar. Mithilfe einer simplen Übung, die man progressive Muskelentspannung nennt, kann man die Muskeln, welche meist unsensibel und steif werden, wenn man unter einer dauerhaften Anspannung leidet, wieder entspannen. Der erste Schritt zu einem entstressten Organismus ist damit getätigt.

ÜBUNG

1. Diese Übung kann im Grunde genommen in vielen verschiedenen Haltungen gemacht werden. Am besten gelingt sie jedoch in der Regel im Sitzen oder im Stehen. Am Anfang empfehlen wir Ihnen, die Übung im Sitzen durchzuführen.

ÜBUNG

2. Nehmen Sie eine gerade, aufrechte Haltung ein. Die Beine sollten parallel zueinander stehen. Legen Sie die Hände am besten in den Schoß und lehnen Sie sich nicht an der Lehne Ihres Stuhls an.
3. Atmen Sie nun tief ein. Füllen Sie Ihre Lungen gut aus und halten Sie die Luft an. Gleichzeitig spannen Sie alle Muskeln, die Sie bewusst lokalisieren können, so stark wie möglich an. Gehen Sie vielleicht einmal die Muskeln Ihres Körpers im Sitzen Schritt für Schritt nacheinander durch, um dann so rasch wie möglich alle anspannen zu können. Eine grobe Liste der Muskeln könnte in etwa so aussehen: Füße (Zehen »zusammenkrallen«), Waden, Oberschenkel, Gesäß, Bauch- und Rückenmuskeln, Brustmuskeln, Schultermuskulatur (am besten die Schultern so fest wie möglich unter starker Anspannung nach oben ziehen, Nackenmuskeln (Kopf in den Nacken legen), Gesichtsmuskeln, Ober- und Unterarme, die Hände zu Fäusten ballen. Gehen Sie diese Liste sorgfältig durch und versuchen Sie so viele Muskelpartien wie möglich zu lokalisieren und kontrahieren.
4. Nach dem Anspannen und Einatmen halten Sie die Luft an. Zählen Sie im Kopf bis zehn (je langsamer, desto besser) und versuchen Sie die Muskelspannung so stark wie möglich aufrechtzuerhalten. Diese Phase ist in der Regel sehr anstrengend, wenn man die Übung gewissenhaft durchführt.
5. Wenn Sie bei »zehn« angelangt sind, atmen Sie erleichtert stoßartig aus und lassen jegliche bewusste Muskelspannung entweichen. Sie können dabei ruhig im Stuhl zusammensacken (deswegen eignet sich eine sitzende Position anfangs besonders gut).

Das Wichtigste bei dieser Übung ist die gewissenhafte und ordentliche Durchführung. Nur dann kann ein Trainingserfolg gewährleistet werden. Versuchen Sie den Unterschied zwischen der Anspannungs- und der Entspannungsphase so deutlich wie möglich zu gestalten. Ziel der Übung ist es, übermäßige Grundanspannung der Muskulatur zu lösen. Unter Stress spannen sich die Muskeln an, um den Organismus auf Flucht oder Kampf vorzubereiten. Wird der Stress nicht ordentlich abgebaut (z. B. durch Sport), kann die Muskelspannung erhalten bleiben. Der Körper steht unter Spannung und bleibt im Stressmodus. Bei Menschen, die dauerhaft starkem Stress ausgesetzt sind, »verlernen« die Muskeln ihre Relaxion. Mit Hilfe dieser progressiven Muskelentspannung können Sie Ihre Muskulatur lockern und dem Körper das Signal zum Stressabbau geben.

Die Basis-Atemübung (1:4)

Die Atmung ist wohl eines der simpelsten und mächtigsten Instrumente, welches uns zur Verfügung steht, wenn es darum geht, mit dem limbischen System zu kommunizieren. Die Atmung spielt im Psychonetik-Programm[1] und im Mentaltraining der Sieger eine besonders große Rolle, auf die wir in einem späteren Kapitel dieses Buches noch besonders intensiv eingehen wollen. Bei dieser ersten Atemübung handelt es sich um eine absolute Basisübung in unserem Entstressungstraining. Sie bildet die Grundlage für viele weitere Übungen und sollte sehr gut beherrscht werden, bevor man sich an fortgeschrittene Atemübungen wagt. Auch hier gilt: Je gewissenhafter die

1 Der Begriff der Psychonetik steht für die Sammlung der Trainingstechniken und Methoden des Instituts für Leistungsmanagement.

ÜBUNG

Übung ausgeführt wird, umso stärker ist ihr Nutzen. Wenn die 1:4-Atmung ausreichend oft geübt wurde, merkt man in jeder stressigen Situation eine sofortige Verbesserung, wenn man die Übung einsetzt.

1. Atmen Sie bei dieser Übung stets durch die Nase ein und durch den Mund aus. Bei einer Erkältung kann auch beim Einatmen der Weg durch den Mund verwendet werden. Wir empfehlen nach Möglichkeit aber dringend, durch die Nase einzuatmen, weil erfahrungsgemäß der Trainingserfolg viel deutlicher wird.
2. Atmen Sie tief und fest durch die Nase ein. Diese Einatmenphase sollte schneller als eine Sekunde sein. Zählen Sie dabei im Kopf mit: »Eins« – nun sollten Sie eine große Menge Luft eingeatmet haben.
3. Nun folgt die Ausatmenphase. Atmen Sie betont lange durch den Mund aus. Dabei sollten Sie ohne Probleme viermal so lange ausatmen können, wie Sie eingeatmet haben. Zählen Sie auch hier langsam im Kopf mit: »Eins, zwei, drei, vier ...« Sollten Sie das Problem haben, dass Sie zu schnell ausatmen und daher eine Atemnot entsteht, verfehlt die Übung ihre Wirkung. So produzieren Sie nur neuen Stress. In diesem Fall empfehlen wir Ihnen die »Lippenbremse«. Spitzen Sie hierfür die Lippen zu und atmen Sie gegen den Druck des fast ganz geschlossenen Mundes aus.
4. Üben Sie diese Übung so lange, bis Sie mindestens eine Minute lang so atmen können, ohne dabei ein unangenehmes Gefühl zu verspüren.

Die 1:4-Atmung ist, wenn sie richtig durchgeführt wird, eine zuverlässige und sofort wirkende Technik, um Stress abzubauen.

Wir wissen heute, dass jede Einatmenphase den Sympathikus stimuliert. Sie werden noch wissen, dass dies das aktivierende Nervensystem in Ihrem Körper ist. Vereinfacht gesagt können Sie sich das so vorstellen, als wäre jedes Einatmen Stress für Ihren Organismus. Umgekehrt stellt jede Ausatmenphase eine Entspannungsphase dar. Das Ausatmen stimuliert den Parasympathikus, welchen den Körper dämpft. Die Rechnung geht also leicht und logisch auf. Wenn Sie viermal so viel entspannen, wie Sie anspannen, stellt sich der menschliche Körper nach kurzer Zeit auf einen entspannten Zustand ein. Bei dieser Übung bedienen wir uns eines ganz einfachen »Schalters«, der in jedem Menschen vorhanden ist.

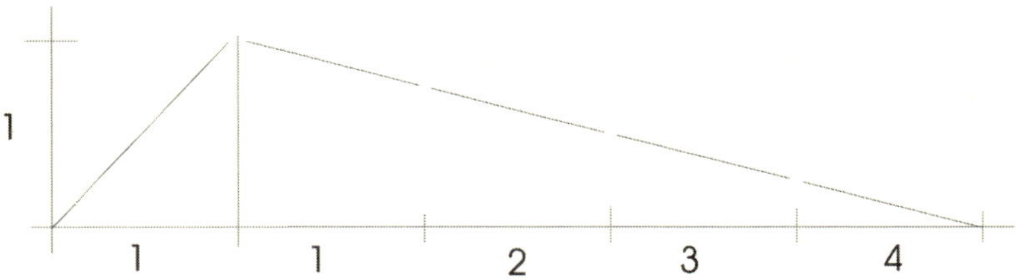

Abb. 5: Die 1:4-Atmung

Das Fingerpulsfühlen

ÜBUNG

Wie auch die 1:4-Atmung bedient sich die sogenannte Fingerpulsübung eines natürlichen »Schalters« in unserem Körper.

1. Legen Sie sanft die Fingerkuppen (NICHT die Fingerspitzen!) aneinander, wie im Bild umseitig.
2. Am besten legen Sie nun Ihre Hände in dieser Position in den Schoß, ganz locker.
3. Versuchen Sie nun das sanfte Pochen Ihres Fingerpul-

ÜBUNG

ses in den Fingerkuppen zu spüren. Sicher werden Sie dabei merken, dass man schon bei der Suche nach dem Fingerpuls sehr ruhig wird, weil es gar nicht so leicht ist, dieses schwache Körpersignal bewusst wahrzunehmen.

4. Sobald Sie den Fingerpuls fühlen, versuchen Sie die Schläge zu zählen. Zählen Sie dabei immer von 1 bis 10. Bei der Zahl 10 angekommen, fangen Sie wieder bei 1 an. Wenn Sie durchgehend zählen können, ohne den Fingerpuls zu verlieren, haben Sie diese Übung gemeistert.

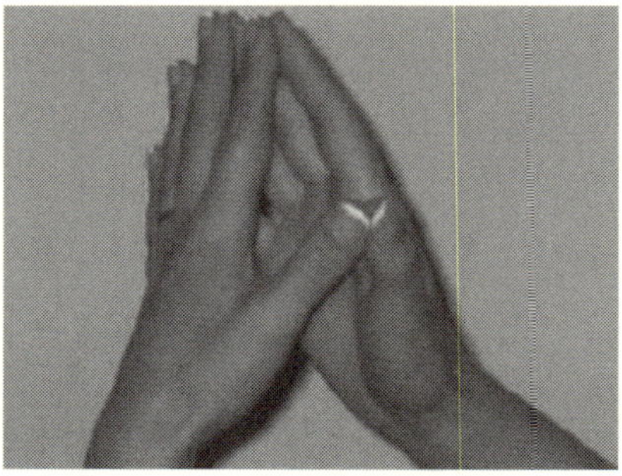

Abb. 6: Das Fingerpulsfühlen

Um so ein schwaches Pochen wie das des Fingerpulses wahrnehmen zu können, erfordert es ein gewisses Maß an innerer Ruhe. Sie werden sicher merken, dass Sie schon auf der (zwanglosen) Suche nach dem Fingerpuls immer ruhiger werden. Wenn Sie dazu neigen, immer unruhig zu sitzen, wird dieses Gefühl plötzlich verschwunden sein. Machen Sie sich auf keinen Fall Eigendruck bei der Suche nach dem Fingerpuls. Entspannung ist das Mittel, das Sie zu Ihrem Ziel führt. Durch Druck entfernen Sie sich nur davon. Anfangs werden Sie merken, dass Sie schnell abgelenkt sind durch äußere und innere Einflüsse. Das vergeht mit der Zeit. Um ein gewisses Maß an Übung und

Praxis kommen Sie auch hier nicht herum, wenn Sie die Übung auch in stressigen Situationen einsetzen wollen. Diese Übung eignet sich auch im Berufsleben sehr gut zur Stressbekämpfung. Die Handhaltung ist körpersprachlich sehr angenehm für andere Menschen, und Sie haben die Möglichkeit, sich ständig selbst zu überprüfen. Wenn Sie den Fingerpuls jederzeit fühlen können, wissen Sie genau, dass sich ihr Körper in einem optimalen, stressfreien Zustand befindet.

Die Wirkungsweise dieser sehr simpel erscheinenden Übung ist leicht erklärt. Ihr Bewusstsein weiß genau, dass es sich beim Fingerpuls um ein sehr sanftes, nur schwer wahrnehmbares Körpersignal handelt. Um dieses Signal wahrnehmen zu können, ist also eine Entspannung des Körpers notwendig. Ein nervöser, unruhiger Mensch verfügt nicht über die sensible Sensorik, die man benötigt, den Fingerpuls zu fühlen. In der Regel wählt Ihr Organismus den Weg des geringsten Widerstandes und entspannt den Körper so lange, bis der Fingerpuls für Sie wahrnehmbar wird, und damit haben wir unser eigentliches Ziel erreicht.

Diese drei einfachen Übungen stellen die absolute Grundlage des Entspannungstrainings dar, wie wir es in vielen Bereichen unserer Seminartätigkeit und Trainingspraxis verwenden. Sie sind fixer Bestandteil der Psychonetik-Methode und damit auch des Mentaltrainings der Sieger. Nehmen Sie sich bitte genug Zeit, diese Übungen einzustudieren und in der Praxis zu testen. Vor allem die 1:4-Atmung und die Fingerpulsübung eignen sich perfekt für den Alltag. Die progressive Muskelentspannung empfehlen wir, vor allem daheim anzuwenden. Erst wenn Sie diese Übungen gut beherrschen, sollten Sie die fortgeschrittenen Techniken dieses Buches verwenden!

Immer weniger Menschen gönnen sich die Ruhe, die sie eigentlich benötigen würden, und dies führt in vielen Fällen zu Dauerstress. Univ.-Prof. Dr. Rudolf Schabus, Unfallchirurg und Sportmediziner der Wiener Privatklinik, bestätigt, dass viele Patienten über Berufsstress und daraus resultierend über weniger Freizeit klagen. Er sagt, dass viele Betroffene außerdem unter starkem Bewegungsmangel und einem dadurch bedingten Übergewicht leiden. Es kommt daher auch zu häufigeren Verletzungen bei dem Ausüben von diversen Freizeitaktivitäten. Außerdem merkt er, dass viele der Patienten, die in dieses Bild passen, immer ungeschickter werden. Dies stellt einen weiteren Risikofaktor dar. Schließlich sagt Prof. Schabus, dass psychosomatische Störungen immer öfter aufzutreten scheinen. Wir merken hier wieder, wie sich Stress in verschiedensten Formen zeigen kann.

DIE ATMUNG UND IHRE BEDEUTUNG

Ein Mensch kann eine Woche ohne Wasser leben, einen Monat ohne Nahrung, einige Tage ohne Schlaf; aber nur wenige Minuten, ohne zu atmen.

Unsere Atmung spielt aber im Leben eine weit größere Rolle als die Tatsache, dass wir ohne sie nicht lange überleben würden. Viele Mechanismen im menschlichen Organismus werden durch die Atmung reguliert und eine große Menge an inneren Veränderungen zeigt sich in der Atmung eines Menschen. Sie ist darüber hinaus eine der mächtigsten Kommunikationsverfahren, um das Limbische System zu beeinflussen. Das sollten Sie spätestens nach dem Üben der 1:4-Atmung selbst bemerkt haben. Im Grunde genommen ist es doch faszinierend, wie viel man in sich selbst durch das einfache Verändern der Atmung bewegen kann.

Atemtechniken sind seit jeher eine der wichtigsten Grundlagen der Psychonetik-Methode und im Mentaltraining der Sieger machen wir hier keine Ausnahme. Im Gegenteil: In diesem Training spielt die Atmung sogar eine noch größere Rolle als sonst. Wir wollen Ihnen in den folgenden Kapiteln neben einigen interessanten Fakten und Erkenntnissen in diesem Forschungsbereich auch ein Trainingsprogramm vermitteln, das es Ihnen ermöglicht, mit Hilfe der eigenen Atmung viele Probleme in Ihrem Leben zu lösen und Ihre persönliche Leistung noch weiter zu steigern.

Schnelles Atmen, Stress und Angst gehören zusammen. Angst und Stress verändern den menschlichen Atem, so wie die richtigen Atemtechniken unaufhaltsam Stress und Angst reduzieren können. Schon bei der geringsten Sorge, Unzufriedenheit oder bei Zwängen und Ängsten reagiert unsere Atmung sehr sensibel. Unsere Messungen zeigten stets, dass die meisten unter

Stress leidenden Menschen tagsüber, aber auch oft in der Nacht eine viel zu schnelle oder zu tiefe Atmung haben. Was hier so harmlos klingt, kennt man auch unter dem Begriff »Hyperventilationsatmung«. Betrachten wir die Problematik des Hyperventilierens einmal genau, so merken wir, dass bei dieser zu schnellen Atmung größere Mengen CO_2 abgegeben werden, als für uns optimal ist, denn CO_2 ist keineswegs nur ein Abfallprodukt. Es ist ein für viele körperliche Vorgänge wichtiges Gas. Sinkt die CO_2-Konzentration zu weit ab, versucht der Körper sich zu schützen. Die Atemwege schwellen zu bzw. verkrampfen. Jede Art von Stress führt über kurz oder lang zum Hyperventilieren, und dabei wird zu viel Kohlendioxid (CO_2) abgeatmet.

Durch bewusstes Atmen kommen Gelassenheit und Vertrauen wieder.

Zu Beginn unserer Untersuchungen zu den Atemtechniken standen Labormessungen an Shaolin-Mönchen, Yogis, dem Tao-Yogameister Mantac Chia und mehreren seiner Schüler wie auch vielen Spitzensportlern, darunter dem Weltrekordhalter im Apnoetauchen, Herbert Nitsch. Der Österreicher Herbert Nitsch ist der derzeit beste Extremtaucher der Welt. Mit nur einem Atemzug schafft er es, bis auf 214 Meter Tiefe abzutauchen. Noch nie ist ein Mensch ohne Pressluftflasche so weit hinabgetaucht – und lebend wieder zurückgekehrt. Für die österreichische Tageszeitung »Kurier« (Montag, 5. November 2007, Seite 29) haben wir die Atemtechniken des Apnoetauchers in unserem Labor gemessen. Neben den Hirnpotenzialen, dem Hautleitwert, der Muskelspannung, der peripheren Körpertemperatur und der Durchblutung wurde auch die Sauerstoffsättigung im Blut während des Atemanhaltens überwacht. Die Erkenntnisse aus all diesen Untersuchungen haben uns dazu gebracht, die in diesem Buch vorgestellten speziellen Atemtechniken auszuwählen. Einen wesentlichen Beitrag zur Entscheidung für die gewählten Atemtechniken haben auch die Arbeiten des ukrainischen Wissenschaftlers und Arztes Prof. Dr. Konstantin Pavlovitsch Buteyko gebracht, die wir ebenfalls in unser Atemprogramm einfließen ließen.

Wenn man mehr oder tiefer atmet, als man eigentlich müsste, erhält man dadurch nicht, wie oft fälschlich geglaubt wird, noch mehr Sauerstoff, sondern weniger. Viele hunderte biochemische Prozesse sind vom richtigen Mischungsverhältnis des Kohlendioxids mit Sauerstoff abhängig. Da sehr viele chemische Stoffe, die der Körper erzeugt, und viele körperliche Kontrollfunktionen von der richtigen Menge Kohlendioxid im Körper abhängen, bringt ein CO_2-Mangel das biochemische Gleichgewicht des Körpers durcheinander und führt letztlich zu einer Reihe von Störungen.

Das im Körper vorhandene Kohlendioxid (CO_2) hilft bei der Abgabe des Sauerstoffs, indem dessen Bindung an das Hämoglobin[2] gelockert wird. Dadurch kann das Hämoglobin den Sauerstoff an die Zellen leichter abgeben. Eine zu niedrige Kohlendioxidkonzentration begünstigt Krämpfe der glatten Muskeln (der Blutgefäßwände), der Bronchiolen[3], im Darm sowie in der Blase. Auch Herz-Gefäß-Erkrankungen können eine Reaktion auf falsches Atmen sein.

Täglich ein bisschen Stress bedeutet, dass nach und nach der Zustand der chronischen Hyperventilation entsteht. Die Atmung verstellt sich dauerhaft auf zu schnelles, oft auch zu tiefes

2 Als Hämoglobin bezeichnet man den eisenhaltigen roten Blutfarbstoff in den roten Blutkörperchen.
3 Anatomisch genaue Bezeichnung für die zwei kleinsten luftgefüllten Strukturen der Lunge.

Atmen. Dies wiederum aktiviert das limbische Hirn – allen voran die Amygdala, was wiederum zu noch schnellerer Atmung führt. Ein negativer Kreislauf entsteht.

Dieses Krankheitsbild wird »Hyperventilations-Syndrom« genannt und zeigt sich in den typischen »Zivilisationskrankheiten«.

Zu diesen gehören:

- Asthma bronchiale
- Herz-Gefäß-Erkrankungen
- ein geschwächtes Immunsystem
- Neigung zu entzündlichen Prozessen
- Rheuma
- Arthrose
- Verdauungsstörungen
- Gelenk- und Rückenschmerzen
- chronische Müdigkeit, Schlaflosigkeit, Depression
- Burnout
- Allergien

Auch bei Asthmatikern[4] zieht sich die Muskulatur der Bronchiolen extrem zusammen, wenn der Kohlendioxid-Spiegel absinkt. Die Bronchien sind dann gereizt und reagieren schnell auf jede weitere kurzzeitige Zunahme der Atmung. Stress, Angst, negative Gedanken, ein aggressives Allergen, Staub oder Rauch können dann zu einer Panikreaktion, zu einem Asthmaanfall führen.

Aber auch das Immunsystem wird direkt durch eine verminderte Kohlendioxidkonzentration geschwächt. Die gesund-

4 Asthma ist die sich am schnellsten verbreitende Zivilisationskrankheit. Innerhalb der letzten 15 Jahre haben sich die Erkrankungsraten weltweit verdoppelt.

heitlichen Probleme, die vom übermäßigen, nervösen Atmen herrühren, sind breit gefächert. Jeder Teil unseres Körpers, jedes Organ und jedes System wird durch übermäßiges Atmen in Mitleidenschaft gezogen.

Bei länger anhaltender Hyperventilation kommt es zur Störung der Körperchemie. Das stört auf Dauer auch den Säure-Basen-Haushalt des Körpers. Die Elektrolytenzusammensetzung des Blutes stimmt nicht mehr und dadurch ist auch der Auf- und Abbau der Knochenmasse gestört. Die Zähne werden zerstört, trockene Haut, brüchige Fingernägel, Haarausfall usw. sind die Folge.

Der Säure-Basen-Haushalt ist eine allgemeine Bezeichnung für verschiedene Regelmechanismen im Körper. Er reguliert die lebenswichtigen Stoffwechselvorgänge im Körper, wobei ein pH-Wert von 7,4 (+/- 0,05) im Blut aufrechterhalten wird. Neben den Puffereigenschaften des Blutes und der Gewebe bzw. der Niere ist auch die Atmung ein wichtiger Regulator!

Das Blut eines gesunden, normal atmenden Menschen ist bereits zu etwa 97 % mit ans Hämoglobin der Erythrocyten gebundenem Sauerstoff gesättigt. Eine Erhöhung dieses Wertes ist kaum möglich, auch nicht – wie man früher fälschlicherweise glaubte – durch forciertes oder tieferes Atmen. Durch eine Hyperventilation kommt es nur zu einer vermehrten Abatmung des im Körper entstehenden Kohlendioxids in den Lungenbläschen. Früher (vor diesen neuen wissenschaftlichen Erkenntnissen) war man vom Gegenteil überzeugt. Sauerstoffkuren wurden und werden immer noch angeboten. Dabei besteht die Atemluft zu ca. 80–90 % aus reinem Sauerstoff. Auch durch diese Art von Kur können die 97 % Sauerstoffsättigung des Hämoglobins nicht wirklich erhöht werden.

Wie kommt es eigentlich zum Hyperventilieren?

Normalerweise ist es die Aufgabe der Atmung, den CO_2-Stand im Körper zu regulieren und den Menschen mit Sauerstoff zu versorgen. Zum Beispiel wird bei körperlicher Anstrengung in den Muskeln Sauerstoff in Energie umgewandelt, CO_2 fällt vermehrt als »Abfallprodukt« an. Deshalb atmen wir in diesem Fall mehr, auch um den Sauerstoffbedarf zu decken, aber vor allem um den CO_2-Überschuss loszuwerden.

Unter Muskeltätigkeit, wie zum Beispiel bei Sport oder körperlicher Arbeit, wird CO_2 gebildet. Wenn wir zu viel im Bett liegen, auch wenn wir krank sind und uns nicht ausreichend bewegen, fällt der CO_2-Gehalt ab. Man fängt dadurch reflexartig an, tiefer und oft auch schneller zu atmen. Dies kann nach einiger Zeit den Krankheitsprozess noch verschlechtern, weil es durch den CO_2-Mangel zur Drosselung aller Funktionen des Stoffwechsels und zu einer Dämpfung des Immunsystems kommt.

Bei einem ruhig ausgeführten Atemzug nehmen wir etwa 0,5 Liter Luft auf. Pro Minute atmen wir in Ruhe 12 bis 14 Mal und setzen dabei 6 bis 7 Liter Luft um. Dies bezeichnet man als das Atemminutenvolumen. Liegt der Luftumsatz höher als physiologisch notwendig, spricht man von Hyperventilation. Bei der Hyperventilation ist der wesentliche Effekt nicht die Zunahme des Sauerstoffs im Blut, sondern die Abnahme von Kohlendioxid (CO_2).

Unsere Messungen haben gezeigt, dass das chronische Hyperventilationssyndrom weit verbreitet ist. Diese Ergebnisse, die wir in unserem Biofeedback-Labor erzielten, decken sich mit vielen Untersuchungen und Ansichten renommierter Mediziner.

Klassische Symptome bei Hyperventilieren sind:

- Schwindel
- Brustschmerzen
- Herzrasen, Herzrhythmusstörungen
- kalte Hände und Füße
- feuchte Hände und Füße
- Müdigkeit
- Schlappheit
- Schläfrigkeit
- Lern- und Konzentrationsstörungen
- Vergesslichkeit
- Reizbarkeit
- Angespanntheit
- ängstliche oder depressive Symptomatik
- Neigung zu Pollinose (Pollenallergie)
- Bluthochdruck
- chronische Muskelverspannungen
- Hexenschuss
- Bandscheibenprobleme
- Impotenz

Stress ist der wesentlichste Faktor, welcher uns zu viel atmen lässt. Bei jeder Form von Belastung oder Bedrohung schüttet der Körper Hormone aus und aktiviert das sympathische Nervensystem (das aktivierende Nervensystem). Das regt unsere Atmung schließlich an.

Folgende Faktoren können für eine Überatmung maßgeblich sein:

- Dauerstress
- Ärger im Beruf
- Stress im Familienleben
- finanzielle Sorgen
- Zukunftsängste
- ständige Unzufriedenheit und Zwänge
- berufliche oder familiäre Überforderung
- übermäßiges Essen bzw. »falsches« Essen
- zu viel Alkoholgenuss
- Rauchen bzw. der Aufenthalt in verrauchten Räumen
- Bewegungsmangel
- Mineralstoffmangel oder Vitaminmangel
- Atemwegserkrankungen (vor allem Asthma)
- zu wenig oder schlechter Schlaf (auch Schnarchen)
- Übergewicht
- immer wiederkehrende Ängste
- Panikattacken
- verschiedene Arten von Depression
- Bettlägerigkeit – Krankheit

Atmung und Stoffwechsel bestimmen, wie alt wir werden

Ein schneller Herzschlag und eine hohe Atemfrequenz stehen in direktem Zusammenhang mit dem Alterungsprozess. Je mehr wir atmen und je schneller unser Herz schlägt, desto schneller altern wir. Gut ersichtlich ist das, wenn man die Lebenserwartung verschiedener Lebewesen in der Natur betrachtet. Tiere, die deutlich schneller atmen als Menschen, altern auch schneller. Ein Kolibri und eine Maus verbrauchen aufgrund des hohen Stoffwechsels viel mehr Kalorien als wir. Betrachtet man die durchschnittliche Lebenserwartung, sehen wir, dass eine Maus höchstens vier Jahre alt werden kann. Hingegen werden Elefanten schon 70 und Schildkröten, wie wir wissen, sogar 150 Jahre alt. Dabei stellt die Schildkröte ein besonders gutes Beispiel dar. Sie lässt sich durch kaum etwas aus der Ruhe bringen und hält darüber hinaus sogar einen Winterschlaf. In diesem Zustand wird der Stoffwechsel noch weiter heruntergeschraubt.

Wir wissen auch, dass Tiere in freier Natur nicht so alt werden wie ihre Artgenossen im Zoo. Der häufig weit niedrigere Stresslevel im Zoo bedeutet, dass die Atmung seltener beschleunigt wird und so der Alterungsprozess verlangsamt wird. So wird ein Löwe im Durchschnitt in freier Natur etwa 10 Jahre alt. Im Zoo werden Löwen dagegen gut 20 Jahre alt. Wir sehen hier deutlich, wie Stress das Leben verkürzt. Halten wir unsere Atemfrequenz gering und arbeiten wir an unserer Stressresistenz, so können wir auf einfache Weise unser Leben verlängern.

Am leichtesten lässt sich der Stoffwechsel über die Atmung kontrollieren. Diese können wir willentlich beeinflussen. Mit dem richtigen Atemtraining wird es möglich, Kohlensäure im Blut anzusammeln (Hyperkapnie) und gleichzeitig einen hypoxischen Zustand herbeizuführen. Das bedeutet, dass wir dann weniger Sauerstoff aufnehmen.

Das Hypox-Atemtraining

Mit Hilfe dieser Atemmethode können viele Störungen des Nervensystems, der Lunge, der Blutgefäße und des Stoffwechsels – aber auch einige Arten von Entzündungen – ohne Medikamente behoben werden. Ebenso wird das limbische System, vor allem die Amygdala, auf Dauer optimiert, also gedämpft. Diese Dämpfung der Angst baut auch die Geneigtheit zu übertriebenen Stressreaktionen ab. Das Aggressions- und Wutpotenzial eines Menschen wird so gesenkt. Diese Veränderung führt schließlich zu einer Neujustierung des gesamten limbischen Systems. Das heißt, dass neben dem Stress- und Angstabbau auch das Gedächtnis gestärkt wird und die Gehirndurchblutung optimiert wird. Außerdem kommt es zu einem angenehmeren und besseren Schlafempfinden. Kurz: Dieses Training erzeugt ein verbessertes Wohlbefinden und stellt größere Mengen Energie bereit, die zu unserer freien Verfügung stehen. Die Wirksamkeit dieser Methode ist wissenschaftlich nachgewiesen und in vielen Studien erprobt worden.

Im Spitzensport verwendet man schon seit einiger Zeit Einrichtungen wie die sogenannte Hypoxie-Kammer (Hypoxie bedeutet »wenig Sauerstoff«). Mit Hilfe sauerstoffarmer Luft will man speziell bei Problemen im muskulären Bereich die Regeneration beschleunigen. Schon nach 15 Minuten Aufenthalt in der Kammer soll der positive Effekt eintreten. Im Interview mit der österreichischen Tageszeitung Kurier am 21. Mai 2008 (Seite 32) sagt der österreichische Fußballer Markus Katzer, dass er nach seinen gesundheitlichen Rückschlägen (Kreuzbandriss, Blinddarm-OP) nicht zuletzt wegen seiner regelmäßigen Aufenthalte in der Hypoxie-Kammer so schnell wieder fit geworden ist. Dies erklären die Betreiber des Hypoxie-Raumes damit, dass die Durchblutung der Muskulatur in der Kammer nachweislich verbessert wird. Auch steigt der Anteil der roten Blutkörperchen stark an. Dadurch wird auch in Wettkampf-Situationen Sauerstoff rascher in die Muskeln transportiert, der Körper ermüdet dadurch weniger schnell.

TEST

1. Stufe: Testen Sie sich selbst! Der Hypox-Atemtest

Um feststellen zu können, ob Ihnen das Hypox-Atemtraining helfen kann, sollten Sie den folgenden Test durchführen. Diese kleine Selbstüberprüfung bildet in weiterer Folge eine wichtige Grundlage für das gesamte Trainingsprogramm. Alles, was Sie für diesen Test benötigen, ist eine Uhr mit digitaler Sekundenanzeige oder eine Analoguhr mit Sekundenzeiger.

- Setzen Sie sich locker mit aufgerichtetem Oberkörper auf einen Stuhl, eine Bank oder eine ähnliche Sitzgelegenheit. Entspannen Sie Ihre Muskeln, so gut es geht, bevor Sie weitermachen. Vor allem auf entspannte Schultern und einen lockeren Brustkorb sollten Sie bei der folgenden Übung achten.
- Atmen Sie nun ganz normal durch die Nase. Nach einer normalen Einatmenphase atmen Sie ruhig wieder aus.
- Nach der Ausatmenphase halten Sie den Atem an und drücken Sie die Nase mit Zeigefinger und Daumen zu. Blicken Sie dabei auf die Uhr und merken Sie sich den genauen Zeitpunkt des Luftanhaltens.
- Beim Anhalten des Atems empfehlen wir, die untere Hälfte der Bauchdecke leicht anzuspannen und die Aufmerksamkeit auf diesen Bereich des Bauches zu richten.
- Einige Sekunden nach dem Anhalten der Atmung kommt der Moment, in dem der normale reflektorische Einatmenimpuls auftritt und man einen leichten Wunsch verspürt, einzuatmen.
- **Achtung!** Halten Sie den Atem nur so lange an, bis Sie die ersten kleinen Anzeichen von Atemdrang bemerken. Dieser Test der leichten maximalen Atemanhaltung sollte ohne nennenswerte Willensanstrengung durchgeführt werden.

- Sobald Sie wieder einatmen, sehen Sie auf die Uhr! Notieren Sie sich genau, wie lange die Phase des Nichtatmens gedauert hat. Beachten Sie unbedingt, dass man nach dieser Übung exakt gleich weiteratmen sollte wie vor der Übung. Wenn Sie tiefer oder stärker atmen als vor der Übung, haben Sie diese nicht richtig ausgeführt. Dann haben Sie sich zu sehr angestrengt und hätten dem Atemreiz früher nachgeben sollen.

WICHTIG: Dieser Test funktioniert nur, wenn er ehrlich und korrekt ausgeführt wird! Womöglich erfordert es ein paar Probedurchgänge, bis Sie die Übung ordnungsgemäß durchführen können.

Auswertung des Tests

Beträgt die erreichte Atempause mehr als 60 Sekunden, ist Ihre Atmung optimal. Die Hypox-Atemtechnik ist für Sie nicht notwendig, es sei denn, Sie wollen diese gerne prophylaktisch und zur Aufrechterhaltung des sehr guten Zustandes anwenden. Eine Kontrollpause von 60 Sekunden bedeutet, dass Sie Ihre Atmung sehr gut unter Kontrolle haben und optimal atmen.

Wenn Sie eine Atempause von 30–60 Sekunden zustande bringen, befinden Sie sich in einem guten Zustand, aber wir empfehlen Ihnen auf jeden Fall, die Hypox-Atemtechnik zu verwenden, um noch bessere Leistungen zu erzielen und so Ihren allgemeinen Gesundheitszustand und das subjektive Wohlbefinden zu verbessern.

Sollte Ihre Atempause 15–30 Sekunden betragen, ist dieses Training genau das Richtige für Sie. Wir empfehlen Ihnen, unbedingt das Hypox-Training regelmäßig zu machen, um Ihren Organismus positiv zu unterstützen. Wenn Sie die beschriebenen Techniken gewissenhaft und regelmäßig anwenden, werden Sie sehr schnell eine deutliche Verbesserung Ihres allgemeinen Gesundheitszustandes und Ihres Wohlbefindens verzeichnen können.

Schaffen Sie es lediglich, Ihren Atem unter Berücksichtigung der Testbestimmungen weniger als 15 Sekunden anzuhalten, sollten Sie sofort handeln. Momentan atmen Sie ein vierfach überhöhtes Luftvolumen. Das Hypox-Training ist genau das Passende für Sie und bei richtiger Anwendung werden Sie rasch die Verbesserungen merken. Führen Sie den Atemtest regelmäßig durch, um zu überprüfen, wie Sie sich verbessern.

Unterschätzen Sie das Ergebnis dieses Tests bitte nicht!
Unsere Atmung ist ein wichtiges Fundament für alle Prozesse im menschlichen Organismus. Optimieren Sie Ihre Atmung, so optimieren Sie Ihren allgemeinen Gesundheitszustand und die Funktionen Ihres Körpers. Übermäßige Atmung (zu schnelles oder zu starkes Atmen) ist absolut schädlich für jeden Menschen. Hingegen verbessert die richtige Atmung deutlich Ihre Lebensqualität.

Das Atemvolumen

Die wenigsten Menschen erreichen heute eine Atempause von 60 Sekunden oder mehr. Der hohe Stresspegel und unser turbulentes Leben machen es dem menschlichen Organismus schwer, sich optimal zu regulieren.

Groß angelegte Tests an mehr als 2.000 Probanden zeigten, dass nur 4 % der getesteten Personen eine sogenannte

Normalatmung hatten. Das bedeutet, man atmet weniger als 10 Mal pro Minute. 56 % der Testpersonen neigten zu »verdeckter Hyperventilation«. In Atemzügen gerechnet sind das im Durchschnitt 11–18 Atemzüge pro Minute. 9 % der Gemessenen atmeten mindestens 19 Mal pro Minute. Bei dieser Menge spricht man von Hyperventilation. Schließlich neigten 3 % der Probanden zur starken Hyperventilation.

Normale Atmung
3–5 Liter pro Minute bei 10 oder weniger Atemzügen in der Minute: Dabei kann ein gesunder Anteil von 6,5 % Kohlendioxid in den Lungenbläschen gemessen werden.

Verdeckte Hyperventilation
5–10 Liter pro Minute: Diese leicht beschleunigte Atmung kann zu schleichender, schwer diagnostizierbarer Erkrankung führen, die sich über Jahre hindurch entwickelt.

Hyperventilation
10–20 Liter pro Minute: Diese Variante ist auch als »Anfall« bekannt. Dabei atmet eine kranke Person sehr stark.

Starke Hyperventilation
20–30 Liter pro Minute: Auf diesem höchsten Niveau erleidet die betroffene Person eine plötzliche Panikattacke.

2. Stufe: Flaches Atmen mit verlängerter Ausatmung
Bei dieser Übung atmen Sie 3 Minuten lang flach und mit einer verlängerten Ausatmenphase. Das bedeutet, mittels Zwerchfell-Bauchatmung einzuatmen. Das überprüfen Sie am besten, indem Sie beobachten oder mit einer flach auf den Bauch gelegten Hand kontrollieren, wie sich bei jedem Atemzug der Bauch

hebt und senkt. Die Brust sollte dabei möglichst unbewegt bleiben. Üben Sie diese Form der Atmung am besten vorab ein wenig, sollten Sie Probleme damit haben. Zu enge Kleidung um den Bauchraum kann Sie bei dieser Atmung behindern. Wenn Sie diese Übung zum ersten Mal machen, probieren Sie sie am besten zu Hause aus. Lockern Sie gegebenenfalls einen Gürtel oder andere beengende Kleidungsstücke, um dem Bauch vor allem beim ersten Mal vollen Spielraum zu lassen. Merken Sie sich auch gut, wie sich diese Atmung anfühlt und wie sie sich von Ihrer sonstigen Atmung unterscheidet. Wenn Sie zuvor schon ausschließlich die Bauchatmung verwendet haben, ist das natürlich optimal. In der Regel ist die Zwerchfellatmung (Bauchatmung) aber für viele Menschen ungewohnt.

Achten Sie darauf, besonders lange Ausatmenphasen zu verwenden, ohne dass Sie nach einiger Zeit Atemnot leiden. Atmen Sie auch in den Einatmenphasen nicht zu stark oder zu viel ein.

Die Zwerchfell- oder Bauchatmung ist eine gesunde, entspannende Atmungsmethode. Wenn man sie nicht gewöhnt ist, sollte man sie ausreichend lange üben, bis sie ganz natürlich erscheint. Wenn Ihnen diese Atmung anfangs unangenehm ist, so liegt das nicht an der Atmung selbst, sondern daran, dass Sie sich wahrscheinlich zu stark verspannen oder verkrampfen. Sie werden sehen: Mit der Übung vergeht dieses Gefühl vollständig.

Bei der Zwerchfellatmung wird durch die längeren Bronchienwege geatmet. Dadurch atmet man »tiefer« als bei der Brustatmung. Es wird dadurch auch eine größere Menge Restluft mit eingeatmet. Diese enthält logischerweise eine höhere Menge an Kohlendioxid. Auch das ist optimal. Am Ende ist die Sauerstoffkonzentration bei der Bauchatmung geringer als bei der Brustatmung und die Kohlendioxidkonzentration höher.

Die richtige Bauchatmung

Bei der Bauchatmung erfolgt das Einatmen durch ein Zusammenziehen (Kontrahieren) des Zwerchfells. Das Ausatmen erfolgt bei dieser Atemtechnik durch das Entspannen des Zwerchfells. Aufgrund der Eigenelastizität der Lunge zieht sich diese dabei zusammen und presst die Luft heraus. Beim aktiven Atmen sollte die Ausatemphase durch ein Anspannen der Bauchmuskeln unterstützt werden.

Diese Form der Atmung wird unbewusst eingesetzt, wenn der menschliche Körper entspannt ist. Sänger und Blasmusiker verwenden diese Atmung bewusst. Man findet sie außerdem bei diversen Yogatechniken oder auch in der asiatischen Kampfkunst (z. B. Aikido). Bei der Bauchatmung handelt es sich um die bei weitem gesündeste Atemtechnik, die wir beherrschen. Dadurch, dass nur ein geringer Anteil der Atemmuskulatur bei der Bauchatmung aktiv ist, wird der Sympathikusnerv (erregend) nicht so stark aktiviert wie bei der Brustatmung. Dadurch wird auch weniger Körperenergie verbraucht. Außerdem auffallend ist, dass bei der Bauchatmung (durch die eben genannten Begebenheiten) der Blutdruck gesenkt wird. Dies ist selbstverständlich messtechnisch überprüfbar und verifizierbar. Ebenso wird die Verdauung durch diese »Massage« der Eingeweide gefördert.

Bei entspannter Bauchdecke werden die Eingeweide beim Einatmen nach unten und vorne geschoben, weshalb sich der Bauch nach vorne wölbt (daher auch der Begriff Bauchatmung). Bei dieser Atemweise kann sich die Lunge beim Einatmen vollständig mit Luft füllen. Beim Ausatmen strömt hingegen die Luft kontrolliert und gleichmäßig wieder aus der Lunge heraus. So sieht zumindest die Theorie aus.

Viele Menschen haben allerdings einen ständig angespannten Bauch oder tragen zu enge Kleidung. Diese zwängt den Bauch dann klarerweise ein. In diesem Fall können die Eingeweide beim Einatmen nicht mehr nach unten geschoben werden, sondern bleiben, wo sie sind. Was hier nicht besonders dramatisch klingt, sieht im Inneren der Körpers jedoch etwas ernster aus. Können die Eingeweide beim Atmen nicht verschoben werden, so sind sie dem Zwerchfell bei jeder Einatmenphase im Weg, da sich dieses nun nicht mehr frei ausdehnen kann. Das Zwerchfell drückt nun stattdessen beim Einatmen den Oberkörper wie mit einem Wagenheber nach oben. Dadurch entsteht ein Heben der Brust. Bei der Brustatmung lastet daher ca. ein Drittel des Körpergewichts auf der Lunge. Schon ohne all die anderen negativen Effekte der Brustatmung ist dies sehr ungesund. Des Weiteren hat die Lunge bei der reinen Brustatmung zu wenig Platz, um sich auszudehnen. Darunter leidet schließlich auch das Atemvolumen. Dieses ist bei der Brustatmung deutlich geringer als bei der Bauchatmung.

Im Grunde genommen ist ein Umstellen auf die Bauchatmung gar nicht schwer. Vorausgesetzt, man trägt nicht zu stark einengende Kleidung (z. B. Gürtel fest über dem Bauch geschlossen), reicht es, einige Wochen darauf zu achten, stets die Bauchatmung zu verwenden. Kontrollieren Sie sich einfach immer wieder selbst. Sie können sich auch einen Wecker oder Alarm stellen. Schreiben Sie sich einen Notizzettel oder finden Sie andere Wege, um nicht darauf zu vergessen. Sie werden merken, dass sich Ihr Organismus rasch auf die neue Atmung einstellt, und schon bald müssen Sie nicht mehr auf eine bewusste Bauchatmung achten. Diese ist dann automatisiert. Diese Umstellung sollte bei keinem Menschen ein Problem darstellen, da es die für den Organismus optimale Atmung ist. Im Grunde genommen stellen Sie Ihren Körper nur wieder auf ein Optimum ein.

Die Bauchatmung übt man anfangs am besten im Liegen oder Sitzen. Beim Sitzen ist auf eine korrekte, aufrechte Körperhaltung zu achten.

- Legen Sie eine Hand flach auf den unteren Bauchbereich (unterhalb des Nabels).
- Die andere Hand legen Sie flach auf die Brust.
- Entledigen Sie sich für diese Übung jeglicher beengender Kleidungsstücke (z. B. enger Gürtel).
- Entspannen Sie Ihre Bauchmuskeln so gut wie möglich.
- Beim Einatmen sollte sich nun nur der Bauch bewegen. Die Brust sollte praktisch regungslos sein.

Wenn Sie die Atmung noch weiter optimieren wollen, achten Sie darauf, dass die Ausatmenphase länger eingeteilt wird als die Einatmenphase. Eine gute Inspiration oder Trainingsmöglichkeit stellt die zuvor vorgestellte 1:4-Atmung dar. Sollten Sie Probleme mit den langen Ausatmenphasen haben, verwenden Sie die Technik der Lippenbremse (wie zuvor beschrieben). Spitzen Sie die Lippen und atmen Sie gegen den Druck der Lippen langsam aus. Hier macht sich ein gutes Beherrschen der vorherigen Übungen bezahlt. Nehmen Sie sich genug Zeit, um Ihre Atemtechnik zu perfektionieren!

ÜBUNG

3. Stufe: Die verlängerte Atempause

Als verlängerte Atempause bezeichnet man die Zeit, in der man nach der normalen Ausatmenphase die Luft anhält und diese mit Hilfe des eigenen Willens und durch Ablenkungsmaßnahmen wie die Konzentration auf die unteren Bauchmuskeln maximal ausdehnt. Durch regelmäßiges Üben, Wiederholungen und Ausdauer erreichen manche Personen erstaunliche Pausezeiten von bis zu 2 Minuten und länger!

ÜBUNG

Und so verlängern Sie Ihre Atempause …

- Atmen Sie zunächst so lange wie möglich aus. Versuchen Sie auf ein Atemverhältnis von 1:14 zu kommen. Also zum Beispiel: 2 Sekunden lang einatmen, 28 Sekunden lang ausatmen
- Schließen Sie nach dieser sehr langen Ausatmenphase fest den Mund und halten Sie sich die Nase zu. Achten Sie auch hier wieder darauf, aufrecht zu sitzen.
- Mit nun »leerer« Lunge (komplett ausgeatmet) halten Sie die Luft an, bis Sie sich unwohl fühlen. Ab jetzt wird die Übung anspruchsvoller.

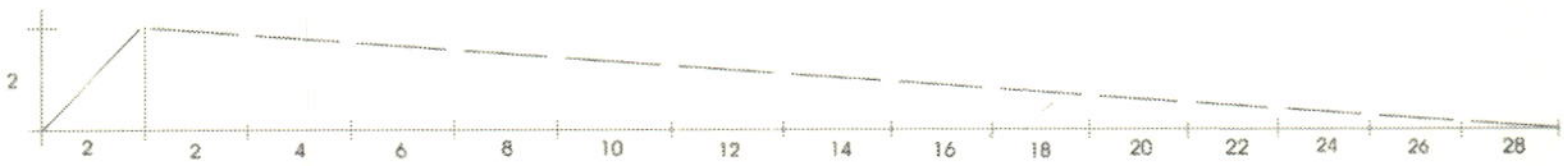

Abb. 7: Die 1:14-Atmung

Am Ende der Übung geht man wieder zur normalen Nasenatmung über. Achten Sie darauf, nun ein zu tiefes Atmen zu verhindern. Atmen Sie ausschließlich durch die Nase. Dadurch reduzieren Sie die Menge Luft, die Sie in dieser Phase einatmen. Versuchen Sie möglichst rasch wieder ein flaches Atemniveau zu erreichen.

Es ist bei dieser Übung auf jeden Fall zu empfehlen, die vorherigen Übungen sehr gut zu beherrschen. Andernfalls wird ein Trainingserfolg nur mit viel Mühe erreichbar sein. Bedenken Sie bitte immer, dass dieses Trainingsprogramm stufenweise aufbauend ist.

Überprüfen des Erfolgs

Am Ende jedes Trainingstags sollten Sie Ihren Trainingserfolg kontrollieren und Ihren Fortschritt notieren. Nur so haben Sie später den Überblick über Ihre eigene Leistung. Ihren Erfolg messen Sie anhand des Hypox-Atemtests (wie zuvor beschrieben). Eine Verbesserung zeichnet sich dadurch aus, dass der Drang zu atmen später als gewöhnlich auftritt. Verwenden Sie auf jeden Fall immer eine Stoppuhr, um ganz sicher zu sein, ob und wie viel Sie sich durch Ihr Training verbessert haben. Wenn nach diesem Übungsblock das Unwohlsein beim Atemanhalten erst nach 40–60 Sekunden eintritt, wissen Sie, dass sich Ihre Atemtechnik bereits verbessert hat. Eventuelles Hyperventilieren hat sich dann reguliert und das Verhältnis zwischen Sauerstoff und Kohlendioxid hat sich normalisiert. Trainieren Sie weiter, bis Sie Ihr persönliches Trainingsziel erreicht haben!

ÜBUNG

Der Übungsplan (Hypox-Training)

Folgende Übungen sollten Sie jeden Abend während Ihrer Trainingsphase durchführen:

1) Hypox-Atemtest
Beginnen Sie immer mit dem Selbsttest. Dieser zeigt Ihnen den momentanen Ist-Zustand Ihrer Atmung. Notieren Sie Ihren aktuellen Wert.

2) 3 Minuten flaches Atmen mit verlängerter Ausatmung
Verwenden Sie die 1:4-Atmung und achten Sie auf eine flache Atmung. Atmen Sie immer genug Luft ein, um bei der Übung nicht unter Atemnot zu leiden.

3) Verlängerte Atempause
Ziehen Sie die Atempause so weit in die Länge, wie es für Sie noch angenehm ist.

ÜBUNG

4) 3 Minuten flaches Atmen mit verlängerter Ausatmung
Verwenden Sie die 1:4-Atmung und achten Sie auf eine flache Atmung. Atmen Sie immer genug Luft ein, um bei der Übung nicht unter Atemnot zu leiden.

5) Hypox-Atemtest
Dies ist ein Zwischentest. Notieren Sie Ihren aktuellen Wert. Dann fahren Sie fort.

6) 3 Minuten flaches Atmen mit verlängerter Ausatmung
Wenden Sie die 1:4-Atmung an, aber zählen Sie diesmal auch mit, wie viele Atemzüge Sie in der Minute machen. Notieren Sie diesen Wert anschließend.

7) Verlängerte Atempause
Ziehen Sie die Atempause so weit in die Länge, wie es für Sie noch angenehm ist.

8) 3 Minuten flaches Atmen mit verlängerter Ausatmung
Wenden Sie die 1:4-Atmung an, aber zählen Sie diesmal auch mit, wie viele Atemzüge Sie in der Minute machen. Notieren Sie diesen Wert anschließend.

9) Abschluss: Hypox-Atemtest
Dieser abschließende Test zeigt Ihnen, welche Leistung Sie bei dem Training erbracht haben. Notieren Sie den Wert.

Die Runenübungen (erweitert)

1995 stellte Gerhard H. Eggetsberger in seinem Bestseller »Power für den ganzen Tag« (erschienen im Orac-Verlag) die sogenannten Runenübungen im Rahmen eines Power-Trainings vor. Diese Übungen, den Runenexerzitien der alten Germanen nachempfunden, stellen ein kompaktes Trainingsprogramm dar, das zusammen mit dem PcE-Training (siehe Seite 127) heute eine wichtige Grundlage für das Psychonetik-System darstellt.

Die Runenübungen bringen unsere körpereigenen Energien zum Fließen, machen wach, aktiv und wirken revitalisierend. Messtechnisch sind in der Regel eine Reduktion der Stresswerte (unter anderem ein bemerkenswerter Abfall der Muskelspannung) und eine Steigerung der Gehirnpotenziale in den Frontallappen zu verzeichnen. Diese Übungen sind vor allem deswegen so bemerkenswert, weil sie von nahezu jedem Menschen problemlos durchgeführt werden können. Sie stellen ein Mindestmaß an Bewegung dar, sind aber körperlich nicht besonders anstrengend.

Die Runenübungen sind absolute Basisübungen, die Sie auch unabhängig vom restlichen Trainingsprogramm in diesem Buch verwenden können. Wir empfehlen, die Übungen jeden Morgen durchzuführen. Das hilft Ihnen bei einem angenehmen und erfolgreichen Start in den Tag. In unserer Seminarpraxis haben wir immer wieder gemerkt, dass die meisten Menschen bei der Durchführung der Runenübungen »vergessen« weiterzuatmen. Da die Atmung in diesem Buch eine zentrale Rolle spielt und, wie Sie nun sicherlich schon gemerkt haben, ein machtvolles Instrument darstellt, wollen wir bei dieser Beschreibung der Übungen ein besonderes Augenmerk auf die richtige Atmung legen. Auch wenn Sie die Runenübungen bereits kennen oder sogar in Ihrem täglichen Training verwenden, lohnt sich diese

ÜBUNG

Wiederholung, denn Sie werden einige interessante Erweiterungen entdecken.

Original werden die Runenübungen natürlich mit ihrer jeweiligen Rune bezeichnet. Der Einfachheit halber haben wir an dieser Stelle lateinische Buchstaben eingesetzt, die repräsentativ für die jeweilige Rune stehen sollen.

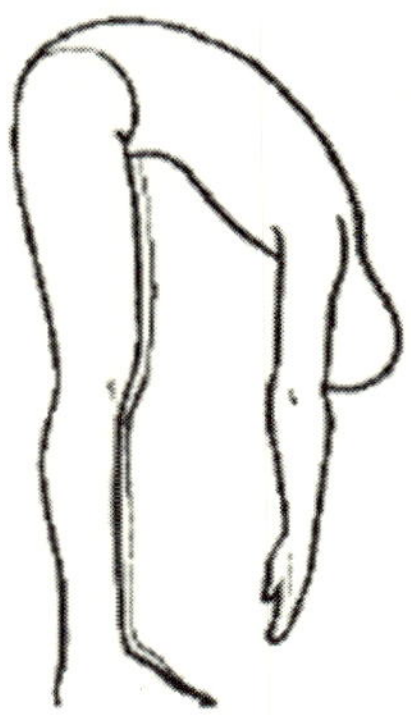

Abb. 8: U-Position

Übung 1: U-Position

Stellen Sie sich aufrecht und gerade hin. Die Füße sollten parallel zueinander etwa schulterbreit stehen. Strecken Sie auf keinen Fall die Beine ganz durch. Stehen Sie locker und achten Sie darauf, dass Ihre Knie ganz leicht gebeugt sind. Beugeübungen mit zu stark durchgestreckten Gelenken können zu Verletzungen führen. Lassen Sie nun den Oberkörper vornüber herabhängen. Die Arme und vor allem auch der Kopf sollten locker herabhängen. Verharren Sie nun so in dieser Position, während Sie ruhig und gleichmäßig ein- und ausatmen. Achten Sie darauf, so tief wie möglich, langsam und ruhig zu atmen. Merken Sie, dass Sie nun mehr in Ihren Rücken hineinatmen? Die Tatsache, dass Sie vornübergebeugt dastehen, bewirkt, dass die Lunge nach vorne keinen Platz zum Ausdehnen hat. Sie weicht also nach hinten aus. Das merken Sie daran, dass sich bei der U-Übung der Rücken hebt und senkt. Die Muskulatur wird dadurch im Rückenbereich gelockert. Das ist vor allem bei ständiger Verspannung in diesem Bereich eine sehr hilfreiche Übung. Nach dieser Übung sollten Sie auch merken, dass Sie viel freier atmen. Steht man unter Dauerstress und sind demnach die Muskeln stärker angespannt, so hat die Lunge im Rückenbereich keinen Platz. Man atmet die Lunge also nicht ganz durch. Achten Sie darauf, ruhig und gleichmäßig zu atmen. Nach zehn tiefen Atemzügen gehen Sie zur nächsten Übung über.

Übung 2: I-Position

Gehen Sie direkt von der U-Position in die I-Position über. Richten Sie sich langsam und gleichmäßig auf, bis Sie wieder aufrecht und gerade stehen. In einer fließenden Bewegung heben Sie nun die Arme weiter an, bis sie ausgestreckt rechts und links neben Ihrem Kopf in die Höhe ragen. Sie sollten nun wie ein großes »I« aussehen. Die Handflächen sollten bei dieser Übung parallel zueinander sein. Produzieren Sie einen leichten Zug, indem Sie die Arme sanft nach hinten in Richtung Ihrer Daumen ziehen. Achten Sie bei dieser Übung darauf, ordentlich zentriert zu stehen. Ändern Sie nun auch Ihre Atmung! Verwenden Sie die Bauchatmung, wie sie zuvor beschrieben wurde. Die Brust sollte relativ unbewegt bleiben, während sich die Bauchdecke heben und senken muss. Wenn Sie die Übung besonders gut machen wollen, konzentrieren Sie sich bei dieser Atmung darauf, dass die Ausatmenphase länger als die Einatmenphase ist. Machen Sie zehn entspannte Atemzüge in dieser Position und gehen Sie dann über zur Y-Position.

Abb. 9: I-Position

Übung 3: Y-Position

Bewegen Sie nun aus der momentanen I-Position die Arme in die Y-Haltung. Auch hier ist zu beachten, dass Sie weiterhin

ÜBUNG

gerade und aufrecht stehen sollten. Die Handflächen sollten nach oben schauen. Erzeugen Sie auch bei der Y-Rune einen leichten Zug, indem Sie die Arme in Richtung Ihrer Daumen ziehen. Beachten Sie bei dieser Position, wie auch bei allen anderen Runenübungen, dass Sie die Schultern nicht zu stark hochziehen, auch wenn diese unscheinbaren Übungen langsam anstrengend für Sie sind. Richtig durchgeführt, regen die Runenübungen auch den Kreislauf stark an. Atmen Sie so wie bei der I-Position und lassen Sie sich wirklich viel Zeit. Wenn Sie sich verkrampfen oder hektisch werden, mindern Sie die Wirkung der Übungen. Nach weiteren 10 Atemzügen gehen Sie weiter zur nächsten Position.

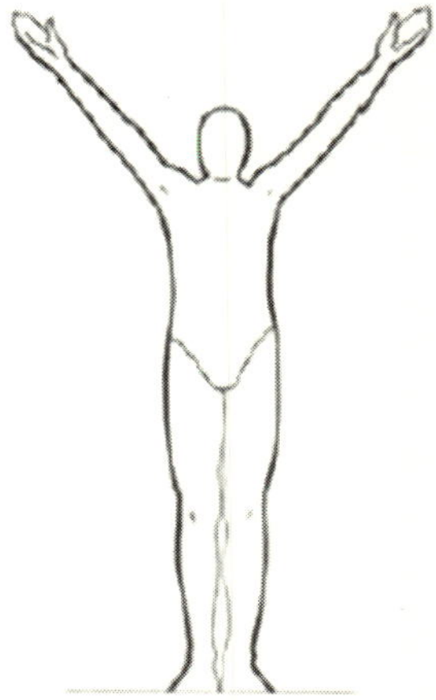

Abb. 10: Y-Position

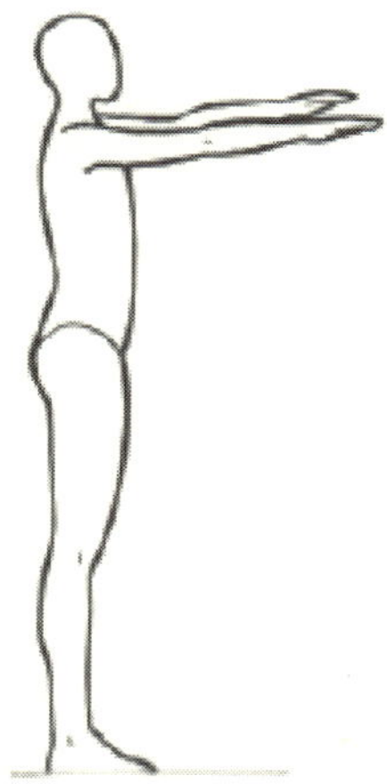

Abb. 11: F-Position

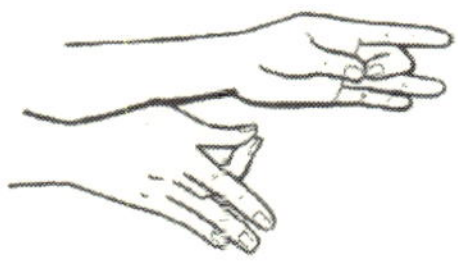

Übung 4: F-Position

Bewegen Sie die Arme nach vorne, sodass Sie von der Seite betrachtet wie ein großes »F« aussehen. Der linke Arm sollte dabei ein klein wenig höher positioniert werden als der rechte. Wichtig ist auch bei der F-Position, dass die Schultern nicht hochgezogen werden. Diesmal soll ein leichter Zug nach vorne erzeugt werden. Ziehen Sie die Arme nach vorne in die Richtung, in die Ihre Finger deuten. Die F-Rune zeichnet sich auch durch ihre besondere Handhaltung aus. Strecken Sie die Finger gerade aus, sodass Ihre Handflächen parallel zueinander stehen. Achten Sie jedoch wiederum darauf, dass der linke Arm etwas höher positioniert werden sollte als der rechte Arm. Legen Sie nun sanft die Fingerspitzen Ihrer Mittelfinger an Fingerspitzen der Daumen (siehe Grafik). Atmen Sie nun ruhig auf dieselbe Weise wie bei der I- und der Y-Position.

Übung 5: T-Position

Nun folgt eine etwas ruhigere Übung. Senken Sie die Arme und halten Sie sie seitlich von Ihrem Körper weg. Die Handflächen sollten zum Boden schauen. Vielleicht erinnert Sie diese Position ja eher an einen Tannenbaum als an ein »T«. Bei der T-Rune sollten Sie keine Probleme damit haben, die Schultern gut zu entspannen. Diesmal behalten Sie zwar die Bauchatmung bei, ändern diese aber auf das Verhältnis 1:4. Die T-Übung stellt somit die wohl entspannendste Runenübung dar. Achten Sie auf die korrekte Ausführung der 1:4-Atmung, wie sie zuvor beschrieben wurde. Kontrollieren Sie auch, ob Sie noch gerade und aufrecht stehen.

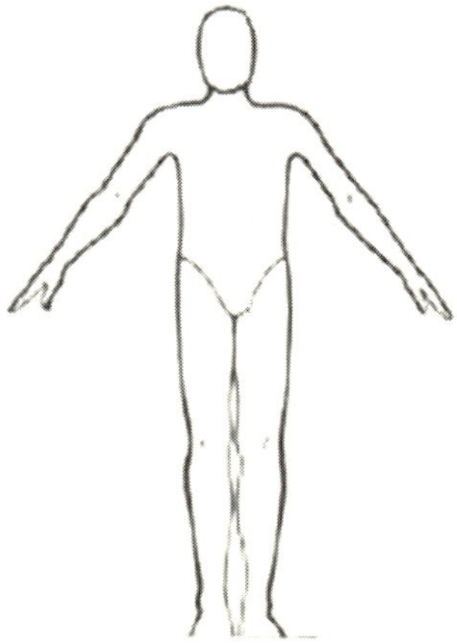

Abb. 12: T-Position

Übung 6: W-Position

Die letzte Übung ist eine sehr aktive und dynamische Übung im Vergleich zu den anderen. Heben Sie die Arme aus der T-

ÜBUNG

ÜBUNG

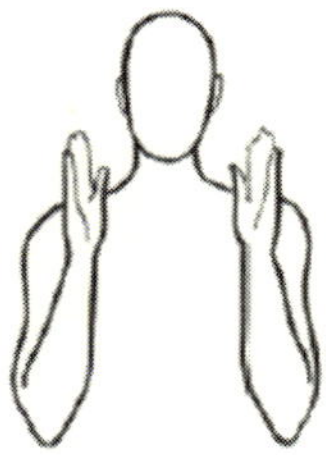

Abb. 13: W-Position

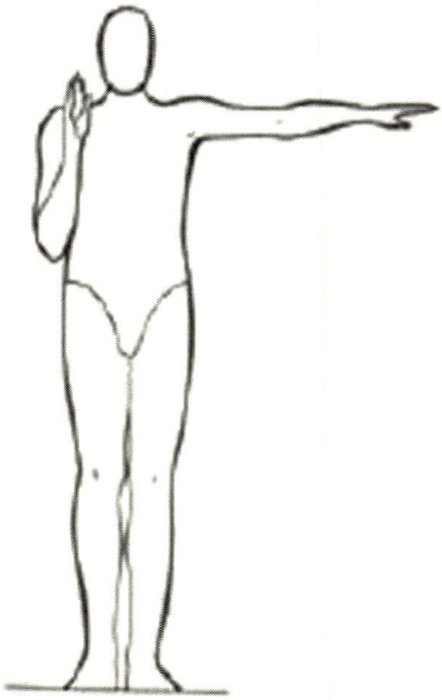

Position so weit an, bis sie sich direkt vor Ihrem Oberkörper, knapp unter Ihrem Kopf befinden. Winkeln Sie die Arme ab und legen Sie die Oberarme seitlich an Ihren Oberkörper. Die Handflächen müssen jetzt direkt vor Ihrem Körper parallel zueinander sein. Aus dieser Position schlagen Sie nun auf direktem Wege seitlich mit den Armen aus. Das sollte so wirken, als befände sich rechts und links neben Ihnen ein Ziel, das Sie aus dieser Haltung heraus treffen wollen. Mit jedem Schlag sollten Sie stoßartig ausatmen. Führen Sie zehn Wiederholungen durch.

Das Entladungstraining

Haben Sie das Hypox-Atemtraining gemeistert, so wird es nun Zeit für das Entladungstraining. Sie sollten sicher sein, dass Sie mittlerweile alle Übungen gut beherrschen. Dieses Training ist aufbauend, kann also nur dann seine volle Wirkung entfalten, wenn alle Bestandteile gut beherrscht werden.

Durch Stress, Angst, aber auch Wut kommt es zur Überladung des menschlichen Organismus mit Stresshormonen. Auf Dauer wird das emotionale Gehirn in uns – das limbische System – immer überempfindlicher. Die Amygdala wird aktiver und das sympathische Nervensystem reagiert überzogen. Der schnellste und effektivste Weg, um den Körper wieder zurück in seinen optimalen Bereich zu führen, führt über das Entladungstraining. Hierbei entladen Sie das gesamte Stressreaktions-System des menschlichen Körpers.

Grundlage des Trainings

Unsere jahrelange Forschung und Trainingspraxis zeigte uns, dass die Anzahl und die Art der Atemzüge pro Minute eines Menschen einen direkten Hinweis auf die augenblickliche Befindlichkeit einer Person geben. Ein entspannter Mensch atmet ca. 12 Mal pro Minute ein und aus. Dabei dauert ein Atemzug etwa 5 Sekunden lang. Im entspannten Zustand ist die Ausatmenphase zudem noch länger als die Einatmenphase. Man kann auch sagen, dass die Betonung in der Regel eher auf der Ausatmenphase liegt. Befindet man sich in so einem entspannten Zustand in dem Augenblick, wo man schlafen geht, verändert sich in der Regel der Atem noch weiter, sodass man nur noch 8 bis 9 Mal pro Minute atmet.

Es sei dabei zu beachten, dass dies nur dann zutrifft, wenn es sich um einen natürlichen Schlaf handelt. Schlaf, der durch ein Schlafmittel herbeigeführt wurde, zeichnet sich bei genauem Betrachten auch durch einen schnelleren Atemrhythmus aus als sein natürliches Gegenstück. Dieser schnellere Atemrhythmus ist vor allem schuld daran, dass Menschen, die diese

Mittel konsumieren, nicht in dem Maße erholt sind, wie es andere sind, die auf natürliche, entspannte Art schlafen. Stresssymptome werden bei einem künstlich herbeigeführten Schlaf nicht komplett abgebaut, und subjektiv merkt man die Auswirkungen dieses künstlichen Schlafes am nächsten Morgen in Form von mangelnder Erholung und schlechter Regeneration des eigenen Organismus.

Tagsüber verändert sich unsere Atemfrequenz oft ganz erheblich in Abhängigkeit von der jeweiligen Belastung (Ärger, Stress, Wut usw.). Während eine Atemfrequenz von 12 bis 15 Atemzügen pro Minute (das entspricht etwa 4 bis 5 Sekunden pro Atemzug) noch als eher stressfrei oder stressarm angesehen werden kann, kommt es unter größerer Anspannung und vor allem unter größerer Stresseinwirkung zu 16 bis 20 oder mehr Atemzügen pro Minute.

Der Atem drückt, direkt ausgelöst durch unser limbisches System, unsere Gefühle aus. Wenn wir uns aufregen oder nervös sind, atmen wir nur oberflächlich oder wir halten sogar vor Schreck vorübergehend den Atem an. Bei Angst und Panik fängt unser Organismus an, zu schnell zu atmen (zu hyperventilieren). In manchen Fällen wird die Veränderung des Atems so deutlich, dass man ein Seufzen vernehmen kann. All diese Atemfunktionen und Veränderungen finden in 90 % der Fälle außerhalb unseres Bewusstseins statt.

Menschen, die unter erhöhtem Blutdruck leiden, weisen bei diesen Reaktionen des limbischen Systems und die dadurch bedingte Atemveränderung einen höheren Blutdruck auf. Dabei zeigt sich oft ein steiler Anstieg des systolischen und des diastolischen Werts. Gleichzeitig beschleunigt sich in Abhängigkeit von der Atemfrequenz der Herzschlag. Sogleich werden Muskeln verspannt, die Blutgefäße ziehen sich zusammen (dies macht sich bemerkbar durch eine Veränderung der Temperatur in der Peripherie: Hände und Füße werden kalt), die Hände werden feucht (Veränderung des Hautleitwerts bzw. Hautwiderstands) und die Konzentration verringert sich rapide.

Diese Erkenntnis der Abhängigkeit der Atemfrequenz von der augenblicklichen persönlichen Befindlichkeit (und Reaktion des limbischen Gehirns) einer Person ist die Grundlage der speziellen Entladungs-Atemtechnik.

Unsere Laboruntersuchungen der letzten 25 Jahre zeigten, dass die Wirksamkeit dieser Entladungsübung unmittelbar gespürt und messtechnisch verifiziert werden kann. In weiterer Folge zeigte sich aber auch eine Langzeitwirkung. Nach etwa 4 bis 6 Wochen (in extremen Fällen kann es auch länger dauern) kommt es beim Trainierenden zu einer dauerhaften Beseitigung von negativen Symptomen, die in der Regel stressbedingt waren.

Besonders gute Ergebnisse erzielten wir mit dieser Technik bei Personen, die unter Spannungskopfschmerzen litten, welche in vielen Fällen auch fälschlich als Migräne diagnostiziert wurden. Selbstverständlich zeigte diese Methode auch sehr überzeugende Ergebnisse bei Probanden, die regelmäßig unter starken Verspannungen litten (vor allem im Bereich der Nacken-, Schulter- und Rückenmuskulatur). Ebenso konnten große Fortschritte in der Arbeit mit Personen erzielt werden, die auf Grund eines zu hohen Blutdrucks unter störenden Stressreaktionen litten.

Die Übung bewirkt, dass sich das limbische System rekalibriert. So können klassische Probleme wie Jähzorn, unkontrollierte Wut, ständige Gereiztheit und viele stressbedingte Störungen durch dieses Training schnell und effektiv beseitigt werden.

Durch die für den Trainierenden klar erkennbare und verfolgbare Anspannung über die verlängerte Einatmenphase und kurze Ausatmenphase werden beim Atemwechsel und dem damit herbeigeführten Abklingen der Anspannung dann auch die schon vor dem Training vorhandene negative Hormonlage und die störende Verspannung einfach mit weggeschwemmt. Das heißt, dass vorab vorhandene Ladungen und Belastungen im Zuge des Trainings mit aufgelöst werden. Gleichzeitig wird eine automatische Desensibilisierung des sympathischen Nervensystems durchgeführt. Durch das tägliche Auflade- und Entladetraining wird das System neu konditioniert. Es erfolgt eine Umstellung auf den entladenen Zustand, Überreaktionen treten in Zukunft gar nicht erst auf.

Wir empfehlen, dieses Training dreimal täglich prophylaktisch durchzuführen, um so alle eventuellen Ladungen, und sind sie noch so gering, zu entladen. Am besten eignen sich für dieses Training die folgenden Zeiten: morgens nach dem Aufstehen, mittags vor dem Essen und vor allem abends vor dem Schlafengehen. Im Falle einer sehr starken Stressbelastung empfiehlt es sich, das Entladungstraining sofort, wenn es möglich ist, durchzuführen. Nur so kann eine natürlichkeitsnahe Lösung der Stressreaktion herbeigeführt werden.

Denken Sie noch einmal an den Anfang dieses Buches zurück. Ein Steinzeitmensch, der Stress hat, fühlt sich bedroht. Sehr oft hat das sicher auch der Wahrheit entsprochen. Die natürliche Reaktion des Körpers ist es, Stress zu produzieren, um den Organismus kampf- oder fluchtbereit zu machen. In der

Regel verbraucht der Steinzeitmensch diese Energie, diesen Stress unmittelbar. Er baut den Stress also nahezu komplett oder sogar vollständig ab. Das ist die natürliche Funktionalität des Körpers, und an diese versuchen wir uns mit Hilfe des Entladungstrainings heranzutasten.

Aus Ermangelung dieser natürlichen Stressabbaumethoden in der heutigen Zeit ist es absolut unabdingbar, ein gezieltes effektives Training zu erlernen, das einen zuverlässigen, unmittelbaren Stressabbau gewährleistet. Das Entladungstraining ist ein solches Training. Man sollte an dieser Stelle bemerken, dass dieses Training heute aus einem ganz bestimmten Grund noch wichtiger ist als vor einigen Jahren noch.

Das Leben in unserer Zeit bietet weit mehr Stressoren denn je (man lässt Krisenzeiten wie Kriege einmal außer Acht). Handys, E-Mails und das Internet sind mit Sicherheit eine große Bereicherung für die meisten von uns, aber man darf nicht vergessen, dass durch diese Eingliederung des Menschen in ein riesiges Kommunikationsnetzwerk viele Rückzugsmöglichkeiten verloren gegangen sind. Genau diese Rückzugsmöglichkeiten waren vor einigen Jahren noch wichtige Entspannungsphasen, in denen der Mensch in der Lage war, den Stresslevel zu reduzieren. Wenn man vor 30 Jahren noch stundenlang im Zug saß, war es gar nicht möglich, während der Fahrt mit Menschen außerhalb des Fahrzeugs in Kontakt zu treten. Man hatte für eine gewisse Weile seine Ruhe. Auch der Lärmpegel, Dichtestress[5], Leistungsdruck, die Belastung durch den Verkehr und die immer größer werdende Informationsflut sind maßgeblich für unsere viel gestresstere Gesellschaft.

---

5 Von Dichtestress spricht man, wenn Stress auf Grund einer sehr hohen räumlichen Individuendichte entsteht. Dies führt in vielen Fällen zu Erkrankungen wie Herzinfarkt, Nierenversagen oder hormonellen Störungen.

In den letzten 100 Jahren hat sich nicht nur unser Leben drastisch verändert, sondern auch die Dauerbelastung hat sich vervielfacht. Völlig neue Krankheitsbilder sind dadurch genauso entstanden wie Störungen, die für einen Steinzeitmenschen nicht einmal denkbar gewesen wären. In dieser kurzen Zeit der technischen Entwicklung kam es nicht nur zu einem enormen Bevölkerungszuwachs, sondern auch zu neuen Zivilisationskrankheiten. Der sich nur langsam (über Jahrtausende) anpassende menschliche Organismus und allen voran unser Gehirn hatte gar nicht die Zeit, sich den neuen Gegebenheiten, Belastungen und neuen Arten des Dauerstresses anzupassen. Es ist einfach wichtig, zu verstehen, dass unser Körper nicht gegen uns ist oder wir aus irgendeinem Grund nicht richtig »funktionieren«. In der Regel funktioniert der menschliche Organismus ausgezeichnet und ist eine ganz bemerkenswerte Konstruktion. Wie schon in der Einleitung gesagt, kann man dies alles am besten mit einem Kompatibilitätsproblem am Computer vergleichen. Zwei Bauteile oder Programme, die alleine einwandfrei funktionieren, enthalten Informationen oder Komponenten, die miteinander nicht kompatibel sind. Es kommt also zu Funktionsstörungen oder gewisse Aspekte funktionieren einfach gar nicht.

Daher müssen wir mit allen uns zur Verfügung stehenden Mitteln Methoden entwickeln, mit denen wir in der Lage sind, mit den Belastungen gut umzugehen. Um auf das Beispiel des Kompatibilitätsproblems zurückzukommen, wäre die Analogie in diesem Fall ein neuer Treiber oder Patch – ein paar kleine Informationen, die quasi als Vermittler zwischen zwei Programmen oder Bausteinen dienen. In unserem Fall haben wir mit großem Erfolg Methoden ausgetestet und ständig verbessert, die dem Menschen helfen sollen, mit seiner Umwelt »kompatibler« zu werden. Dabei haben sich unsere Erkenntnisse stets auf die medizinische Überprüfbarkeit mit Hilfe von Biofeedback-Messgeräten gestützt.

Der wohl größte Fehler, den man begehen kann, ist ein Ignorieren von Stresssymptomen oder gar stressbedingten Krankheiten. In einer durch die neue Medizintechnik, bessere Versorgung und ausreichenden Wohlstand geprägten Welt leben wir alle weitaus länger als unsere Vorfahren. Daher ist es auch doppelt so wichtig, dieses verlängerte Leben so gesund und positiv wie möglich zu leben. Jeder sollte frei sein von übermäßigen Stresssymptomen (vor allem Dauerstress) und stressbedingten Krankheiten, denn im Grunde genommen ist ein Lösen dieses Problems eine einfache und logische Angelegenheit. Das Entladungstraining und viele andere in diesem Buch vorgestellte und erklärte Übungen zur positiven Beeinflussung Ihres limbischen Systems stellen den Schlüssel für ein neues, stress- und belastungsfreieres Leben dar.

Durch die im Folgenden beschriebene Entladungs-Atemtechnik entsteht eine direkt positive Beeinflussung des sympathischen Nervensystems. Beim Einatmen spannen sich das Zwerchfell und die Muskeln an. Es kommt also zu einem (erregenden) Sympathikusreflex. Umgekehrt entspannt sich das Zwerchfell beim Ausatmen genau wie die Muskeln des Körpers. Dies ist ein Vagusreflex (Parasympathikus).

Am Anfang des Entladungstrainings steht eine gezielte verstärkende Aktivierung des Sympathikus. Das Organsystem wird künstlich in eine leichte Erregung versetzt. Das limbische Gehirn, inklusive Amygdala, wird künstlich alarmiert. Durch die beschleunigte Atmung und die verlängerte Einatmenphase mit darauf folgender kurzer Ausatmenphase wird dem limbischen

System eine Flucht- oder Angriffssituation vorgetäuscht. Ein gleichzeitiges Anspannen verschiedener Muskelgruppen verstärkt diesen Effekt noch. Das ist eine natürliche Reaktion, die man auch erleben kann, wenn man nach starkem Stress Sport betreibt (z. B. Laufen). Unmittelbar nach der künstlich herbeigeführten Aktivierungsphase schließt eine verlängerte Entspannungs- und Erholungsphase an. Diese zeichnet sich durch eine verlängerte Atemphase aus.

In der Ausatmenphase entsteht das Gefühl des Loslassens, verbunden mit einer Relaxion der Muskeln und einer Dämpfung des sympathischen Nervensystems bei vegetativer Entspannung. Wird bei diesem Atemtraining die Ausatmenphase gegenüber der Einatmenphase verlängert, so entsteht ganz von selbst eine tiefgehende Entspannung. Durch die Verlängerung der Ausatmenphase wirkt sich der entspannende Teil der Atmung länger auf den Organismus aus als der anspannende Teil. Es kommt bei dieser Atemform mit jedem Atemzug zu einer stufenweise tieferen Entspannung. Diese Atmung entfaltet auch eine sehr starke Wirkung auf das Herz-Kreislauf-System.

Abgesehen von der anfänglichen Einübungsphase von 1 bis 3 Tagen bedarf diese Methode keiner besonderen Geschicklichkeit und wird dann sehr schnell zur Routine.

Die Atmung an sich (Atemrhythmus, -tiefe, -typ und -lage) kann wichtige Hinweise auf den psycho-physischen Zustand einer Person geben: Wenn wir beispielsweise gut entspannt sind, herrscht oft eine langsame und tiefe Bauchatmung vor. Umgekehrt neigen viele Menschen bei Hektik eher zu einer schnellen und flachen Brustatmung.

Übung: Die Entladungsatmung

- Suchen Sie sich vor allem anfangs einen ruhigen, angenehmen Ort, um die Übung durchzuführen. Wie schon bei vorherigen Übungen benötigen Sie eine Stoppuhr.
- Setzen Sie sich auf einen gemütlichen Stuhl, eine angenehme Bank oder legen Sie sich in Ihr Bett. Vor allem beim ersten Mal ist es wichtig, dass Sie eine angenehme und sichere Sitz- oder Liegeposition einnehmen. Wenn Sie bereit sind, fangen Sie an. Starten Sie Ihre Stoppuhr jetzt.
- Atmen Sie im Verhältnis 4:1. Die 1:4-Atmung kennen Sie ja schon von früheren Übungen. Jetzt drehen Sie das Ganze um. Atmen Sie lange, tief und fest ein. Zählen Sie im Kopf bis »vier« dabei. Anschließend atmen Sie in einem kräftigen Stoß aus und zählen Sie im Kopf »eins«. Achten Sie beim allerersten Übungsdurchgang darauf, dass Sie eventuell die Lunge beim Einatmen nicht ganz füllen. Dieser Teil der Übung ist sehr anspruchsvoll für Ihren Kreislauf. Es ist besser, klein zu beginnen und sich dann zu steigern. Probieren Sie es einfach aus und gehen Sie sicher, dass Sie gut sitzen oder liegen, falls Ihnen ein wenig schwindelig wird. Atmen Sie zwei Minuten lang im Verhältnis 4:1.
- **WICHTIG:** Wenn Ihnen in dieser Phase stark schwindlig wird oder Sie sich unwohl fühlen, unterbrechen Sie die Übung lieber und verharren Sie in Ruhe in der momentanen Lage. Um sich wieder zu entspannen, können Sie früher beschriebene Entspannungstechniken wie die 1:4-Atmung oder das Fingerpulsfühlen verwenden. Stehen Sie nicht sofort auf und wiederholen Sie die Übung erst, wenn einige Zeit vergangen ist!

- Nachdem Sie 2 Minuten lang im Verhältnis 4:1 geatmet haben, halten Sie nach dem letzten Ausatmen dieses Abschnitts der Übung die Luft für eine Minute an. Keine Sorge, Sie werden angenehm überrascht von dieser Phase sein. Selbst Menschen, die die Luft in der Regel nur äußerst kurz anhalten können, haben nach den 2 Minuten der 4:1-Atmung keinerlei Probleme, die Luft für eine Minute anzuhalten. Sie werden in dieser Phase merken, wie Sie schnell ruhiger werden. Wahrscheinlich ist dieser Zustand für Sie eine vollkommen neue Erfahrung.
- Ist die Minute des Luftanhaltens um, atmen Sie etwa 4 Minuten lang im Verhältnis 1:4. Sie werden sicher merken, wenn Sie die Übung richtig gemacht haben, dass Sie sich aktiv zum Atmen motivieren müssen. Sie können diese 4 Minuten der 1:4-Atmung beliebig lang verlängern. Wenn Sie schließlich mit dieser Phase fertig sind, haben Sie die Übung absolviert.

Abb. 14: Das Entladungstraining

Diese Übung sollte, so einfach sie klingt, nicht unterschätzt werden. Selbst hartgesottene Sportler spüren die Belastung des Kreislaufs in der ersten Phase. Am Ende dieser Übung erfordert es jedoch keine Worte mehr, um den Effekt, der bei Ihnen auftreten wird, zu beschreiben. Gratuliere, Sie haben Ihren Organismus erfolgreich entladen!

Anmerkung des Autors Markus Eggetsberger zum Entladungstraining:

In meiner Arbeit im Kindertraining haben meine Kollegin, Christine Krammer, und ich oft festgestellt, dass der allgemeine Stresslevel bei Schülern in den letzten Jahren enorm zugenommen hat. In vielen Fällen kommen Kinder in unser Training, die stressbedingte Probleme wie Migräne, Spannungskopfschmerzen, psychosomatische Symptome oder grundlose, andauernde Müdigkeit hatten. Ich muss zugeben, dass mein Co-Autor Alex Antonitsch und ich vor dem Verfassen unseres Kinder-Lernbuches »MAPP-Training. Das Lerngeheimnis der Phogion-Schule« nicht gedacht hätten, dass die Stressbelastung heutzutage in den Schulen schon so hoch ist. Wir wurden bei unseren Nachforschungen und der Arbeit mit den Kindern schnell eines Besseren belehrt.

Seit einiger Zeit schon verwenden wir auch im Kindertraining einige Atemtechniken, die auch in diesem Buch vorgestellt und erklärt werden. Vor allem das Entladungstraining hat in vielen Fällen sehr gute Verbesserungen im Lernerfolg und im Stressmanagement der Kinder gezeigt. Auch wenn die trainierenden Jugendlichen die Übung anfangs als sehr anstrengend empfinden, so wollen sie diese aus eigener Motivation heraus fortan ständig machen, weil der Effekt einfach sehr überzeugend ist und eine wesentliche Verbesserung der Lebensqualität und des Lernerfolges mit sich zieht, denn Stress ist ein Faktor, welcher einen fleißigen Schüler daran hindern kann, das Gelernte bei Prüfungen auch wiederzugeben.

Das Entladungstraining eignet sich folglich für jede Altersgruppe. Ich kann an dieser Stelle aber nur nochmals betonen, dass man beim allerersten Übungsdurchgang die nötigen Vorkehrungen treffen sollte, um sinnlose Probleme zu vermeiden (angenehmer Platz zum Üben, sicheres Sitzen oder Liegen, notfalls Unterbrechen der Übung bei Unwohlsein).

»Stressbedingte Erkrankungen und Beschwerden haben aus meiner Sicht in den letzten Jahren definitiv zugenommen«, berichtet Univ.-Prof. Dr. Brigitte Schurz, Fachärztin für Frauenheilkunde und Geburtshilfe (Universitätsfrauenklinik Wien). Dies zeigt sich in Form von häufig auftretenden Angstzuständen, Panikattacken, Verdauungsproblemen, Herz- Kreislauf-Beschwerden und zunehmenden Schmerzen im kleinen Becken und vor allem im Kreuzbereich. Durch den zusätzlichen Bewegungsmangel ist die Zahl der Osteoporosefälle gestiegen. Die stressbedingte Hormondysbalance führt zu Hormonstörungen mit Abnahme der Fruchtbarkeit. Daraus resultiert oft ein unerfüllter Kinderwunsch. Stressbedingt fehlt es aber in vielen Partnerschaften auch einfach an der Zärtlichkeit, der Romantik, den sexuellen Fantasien und einem Eingehen auf den Partner. Weitere Stresssymptome, die Prof. Schurz nennt, sind der Mangel an Zeit, Müdigkeit und zu viel Arbeit. Einige dieser Gründe und Symptome führen oft auch zu Impotenz.

Bewegungslosigkeit hemmt Stressabbau

Da der Mensch in der heutigen Zeit nicht mehr mit Flucht oder Angriff reagieren kann (oder sollte) und selbst in extremen Stresssituationen oft in relativer Bewegungslosigkeit verharren muss, können wir diese körperlichen und geistigen Veränderungen nicht mehr, wie von der Natur vorhergesehen, abbauen. Der durch eine stressreiche Situation ausgelöste Hormon-Cocktail bleibt folglich im Organismus und hält den Körper in einem lange andauernden Anspannungszustand. Wie bereits erwähnt, kann dies auf Dauer krank machen. Bedingt durch die Tatsache, dass wir in Stresssituationen die bereitgestellte Energie nicht durch Kampf oder Flucht verbrauchen, können wir auch nicht mehr den von der Natur geplanten Weg von Anspannung zu Entspannung beschreiten. Es bleibt eine erhöhte Sympathikusreaktion bestehen.

In unserer heutigen Zeit kann niemand mehr vor Konflikten wirklich davonlaufen. Durch schlechte Nachrichten, Bedrohung des Arbeitsplatzes, finanziellen Verlust, Streit und einfach ständige Überforderung werden dieselben Angstgefühle ausgelöst wie bei den hier oft zitierten Steinzeitmenschen. Unsere Reaktion sieht aber nicht mehr vor, den Stress abzubauen, stattdessen ignorieren wir ihn einfach – mit mäßigem Erfolg. Dieser Prozess beginnt in den meisten Fällen schon in der Kindheit, spätestens mit dem Eintritt in die Schule.

Die durch Angstgefühle ausgelöste limbische Hirnreaktion aktiviert den Sympathikusnerv. Dieser erhöht die Aktivität unseres Kreislauf- und Stoffwechselsystems. Aus dem Nebennierenmark werden Stresshormone ausgeschüttet. Die Blutgefäße verengen sich und damit auch die Blutmenge, die das Herz aufnehmen kann. Jedoch nimmt klarerweise der Sauerstoffbedarf schlagartig zu. Der Blutdruck, die Herzschlagfrequenz und das Herzminutenvolumen stiegen drastisch an. Aus der Leber und dem Gewebe werden Zucker und Fettreserven bereitgestellt. Zeitgleich werden die Verbrennungsvorgänge in unserem Körper extrem beschleunigt und nun treten auch die spürbaren und oft auch sichtbaren Symptome auf.

Denkblockaden, Herzrasen, ein unangenehmes Gefühl im Bauchbereich (Solarplexus), Blässe der Gesichtshaut oder rotes Anlaufen des Gesichts (je nach Stress- bzw. Nerventyp),

Schweißausbruch, Zittern, beschleunigter Atem, Muskelverspannungen sowie kalte und feuchte Hände sind einige der häufigsten Reaktionen.

Steht der Organismus sehr lange unter starkem Stress oder ist er bereits krank und eine Stressaktivierung, die zum Beispiel durch eine schlechte Nachricht oder einen intensiven Streit ausgelöst werden kann, tritt auf, so kann ein Mensch dies nicht mehr ohne weitere Folgen überstehen. Dazu zählen dann zum Beispiel Krämpfe in der Herzgegend. Diese stechenden Schmerzen lösen nun verständlicherweise ihrerseits verstärkt Angst oder sogar Panik aus. Die psychischen Stressreize multiplizieren sich in einer solchen Situation. Die Gefahr eines Herzinfarktes[6] steht plötzlich im Raum. Auch wenn es vielleicht nicht so weit kommt, das Herz-Kreislauf-System kann dadurch geschädigt werden, die Immunabwehr des Körpers und damit die Abwehr gegen Krankheitskeime sinkt unter diesen Umständen sofort ab. Unter Dauerstress kommt es dann irgendwann auch zur völligen Erschöpfung des Organismus. Ein Burnout kann auftreten, aber auch ständige Müdigkeit und Depressionen können die Folge sein.

Wut, Zorn, Jähzorn

Zorn stellt einen Aspekt der sogenannten Kampfreaktion dar. Auslöser für Zorn ist das Gefühl, gefährdet zu sein. Ein Gefährdungssignal kann nicht nur auf eine direkte körperliche Gefährdung zurückzuführen sein, sondern auch auf eine rein mentale

---

6 Eine im Frühjahr 2008 erstellte Statistik zeigt, dass Herz-Kreislauf-Erkrankungen immer noch die Todesursache Nummer eins in Europa und den USA ist.

oder symbolische Bedrohung. Hier wäre die Bedrohung der Selbstachtung und der Würde an erster Stelle zu nennen. Wenn eine Person schroff, herabsetzend, ungerecht wird, wenn ein Mensch beleidigt, erniedrigt oder vor anderen lächerlich gemacht wird oder wenn ein persönlich angestrebtes Ziel vereitelt wird, wirkt sich das negativ auf das limbische System aus. Wie bei normalem Stress unter Bedrohung des Körpers und eigenen Lebens werden Stresshormone ausgeschüttet, denn der Körper kennt nur diese Reaktion auf Stress.

In diesem Fall sorgen die Stressreaktionen für einen raschen, kurzzeitigen Kräfteausstoß, der dann für eine entsprechende Aktion sorgt. Der Organismus ist sofort bereit für eine Kampf- oder Fluchtreaktion. Dieser schnelle Energiestoß hält einige Minuten an, um die wichtigste Erstreaktion zu gewährleisten. Im selben Augenblick jedoch wird von der Amygdala her mit Hilfe des Hormon- und Nervensystems ein Spannungszustand aufgebaut, der viel länger anhält als der kurzzeitige Kräfteausstoß für die schnelle Anfangsreaktion. Diese langzeitige Erregungsphase kann Stunden oder sogar Tage anhalten. Sie hält das emotionale Hirn in einer Feedbackschleife fest und so in einem ständigen Erregungszustand. Diese Dauererregung wird schließlich zur Grundlage, auf der sich weitere Reaktionen besonders schnell aufbauen können. Es entsteht ein Zustand der Gereiztheit. Dies erklärt, warum Menschen sehr viel stärker zu wütenden, zornigen Reaktionen neigen, wenn sie bereits durch etwas (und sei es nur so etwas Banales wie der Straßenverkehr) provoziert wurden. Jede leichte Verärgerung stärkt nur die Gereiztheit weiter, die dann nicht mehr abgebaut wird, bis sie sich letzten Endes explosionsartig entlädt. Stress und Ärger jeder Art rufen also eine limbische Reaktion im Gehirn hervor, die zur körperlichen Erregung führt. Das senkt die Schwelle möglicher Wutanfälle. Neigt jemand nicht zu nach außen gerichteten Wutanfällen, so kann sich dieser Mechanismus noch stärker nach innen, also auf die eigenen Organe, auswirken. Oft sind es gerade unsere tief im Inneren liegenden Ängste und Unsicherheiten, die uns wütend werden lassen.

Natürlich gibt es viele verschiedene Arten von Wut. Unsere Messungen zeigten: Die plötzlich aufflammende Wut wird vom limbischen System direkt gesteuert. Je weniger dabei der linke Frontallappen des Gehirns aktiviert ist, desto leichter gehen die Gefühle mit uns durch. Gefühle der Rache oder die Empörung über Ungerechtigkeiten werden hingegen zu großen Teilen durch den Neokortex, hauptsächlich vom rechten Frontallappen des Hirns, gesteuert. Wenn sich jemand in Wut redet, nennen wir das die überlegte Form der Wut. Hierbei wird das limbische System erst später – nach genug Input – mit aktiviert, um den Wutausbruch auslösen zu können. Dieser tritt nur sehr selten spontan auf, sondern entwickelt sich. Die überlegte Wut kann auch einem spontanen Wutausbruch folgen, wie ein Nachbeben nach einem Erdbeben.

Wir empfehlen allen Menschen mit Neigung zu Wut, Zorn und Jähzorn das Entladungstraining als Grundübung. Wut und Zorn sind keine unveränderlichen Begebenheiten, sondern letzten Endes nur Stressreaktionen. Bedenken Sie, dass Wut und Zorn auf Dauer gesundheitsschädigend sein können!

Zorn kann krank machen

Wenn man Zorn verspürt, ja selbst wenn man nur an Dinge denkt, die einen zornig machen, geht die Pumpleistung des Herzens um ca. 5–10 % zurück. Dadurch wird die Blut- und Sauerstoffversorgung des Herzens selbst gefährdet. Dieser Effekt tritt vor allem bei Wut auf. Bei anderen Emotionen sieht man diesen Leistungsabfall nicht oder nur sehr gering. Zorn scheint die Emotion zu sein, die dem Herzen am meisten Schaden zufügen kann. Eine zornige Veranlagung kann nach Untersuchungen von Kardiologen der Duke-Universität[7] die Faktoren Rauchen, Bluthochdruck und hoher Cholesterinspiegel beim Risiko, eine schwere koronare Herzerkrankung zu erleiden, weit übertreffen. Selbstverständlich ist Zorn alleine zumeist nicht die Ursache für koronare Herzkrankheiten. Er ist einer von mehreren zusammenwirkenden Faktoren. Doch sollte man bedenken, dass jeder Zorn durch die Steigerung von Herzschlag und Blutdruck das Herz belastet. Wenn sich das oft wiederholt, können dadurch Schäden entstehen; besonders durch Turbulenzen des Blutstroms in den Herzkranz-Arterien können Mikrorisse im Gefäß entstehen, in denen sich nach einiger Zeit Ablagerungen entwickeln können. Hat eine Person bereits Probleme mit dem Herzen, kann sich ein Wutanfall (Zorn) fatal äußern. Das Risiko eines Herzstillstandes wird bei Menschen, die bereits herzkrank sind, durch Zorn mehr als verdoppelt! Das dadurch erhöhte Risiko hält etwa 2 Stunden lang nach Auslösung des Zorns an. Dies bedeutet aber nicht, dass man versuchen soll, einen aufwallenden Zorn einfach zu unterdrücken, wenn er gerechtfertigt ist, denn das wäre genau der verkehrte Weg. Die Unterdrückung von Stressreaktionen ist es ja letztlich, welche uns, wie wir gesehen haben, so viele Probleme bereitet. Wenn man in einer Auseinandersetzung derartige Gefühle völlig unterdrückt, verstärkt man sogar die körperliche Unruhe weiter und es kommt in den meisten Fällen zu einer Erhöhung des Blutdrucks und (wie bereits erwähnt) zu weiteren unangenehmen, gesundheitsbedrohenden Effekten.

---

7 Duke-Universität, Dr. Redford Williams, The Trusting Heart, New York/ Random House, 1989.

Übersteuerte Zornreaktionen sind eine Gewohnheit. Es handelt sich hierbei um eine Fehlkonditionierung des limbischen Systems. Diese kann man durch gezieltes Entladungstraining ablegen und wieder regulieren. Der Betroffene entwickelt mit Hilfe des Trainings die Fähigkeit, seine Aufwallungen durch intelligenten, schnellen und wirksamen Stressabbau zu regulieren. Unsere Messungen mit Hilfe von Potenzialmessgeräten am frontalen Hirnbereich und an den Schläfenlappen (Amygdala-Bereich) zeigen, dass sich Fehlfunktionen, die auf übertriebene Reaktionen auf Stress und angstauslösende Reize zurückzuführen sind, schnell auflösen lassen.

Die anfänglich hohen Aktivierungswerte gehen im Zuge der zwei- bis dreimaligen Anwendung des Entladungstrainings innerhalb von nur 4 bis 6 Wochen deutlich zurück. Dies bewirkt dann unmittelbar eine verbesserte Lebensqualität. Außerdem konnten wir eine bessere Stressresistenz und länger anhaltende Phasen eines entspannten Tagesablaufs feststellen. In diesen körperlich entspannten Situationen steigert sich auch die Leistungsfähigkeit; die Konzentration und die Kreativität verbessern sich. Wird darüber hinaus auch noch die linke Gehirnhälfte (linker Frontallappen) aktiviert, verbessert sich die Fähigkeit, mit belastenden Situationen konstruktiv umzugehen, noch weiter.

STRESS UND ÜBERGEWICHT

Eine der Hauptursachen für Gewichtszunahme in der heutigen Zeit ist Stress!

Unsere Untersuchungen im Zuge des von uns entwickelten Zellaktivierungstrainings[8], dessen Ziel es ist, auf gesunde und schnelle Art und Weise sein Optimalgewicht zu erlangen, und das ohne Verzichte, zeigten, dass schon der gezielte Abbau eines erhöhten Stresslevels einige Übergewichtige zu einer Gewichtsreduktion führte.

Dazu muss man wissen, dass Stress zum Hyperinsulinismus (Überschuss von Insulin im Blut) mit darauf folgender, oft extremer Absenkung des Blutzuckergehalts (Hypoglykämie) führt. Die daraus resultierenden Folgen sind Heißhungerattacken, begleitet durch einen niedrigen Blutdruck, Benommenheit, Schwindelgefühl, Erschöpfung, und in Extremfällen können dadurch sogar Kopfschmerzen oder zittrige Hände auftreten.

Der Betroffene reagiert instinktiv, gelenkt durch das limbische System, »richtig«. Er nimmt leicht zu resorbierende Kohlehydrate, insbesondere Süßspeisen, Schokolade, stark gesüßte Getränke (oft auch Energydrinks), Weißbrot oder Ähnliches zu sich. Durch diese schnell verfügbaren Stoffe kommt es im Körper zu einer starken Insulinausschüttung. Gleichzeitig wird die Freisetzung von Glukagon, dem Gegenspieler des Insulins, gehemmt. Das wiederum steigert die Aufnahme von Glukose in den Fettzellen und regt die Fettspeicherung sowie die Speicherung von Kohlehydraten in Form von Glykogen weiter an. Es kommt dabei zu entweder überhöhten oder stark reduzierten Energieträgern im Blut.

Süßigkeiten als Stressbekämpfungsmittel sind also nicht

---

8 Das PcE-Zellaktivierungstraining wird in Seminaren des Instituts für Leistungsmanagement vermittelt und basiert auf einer Aktivierung und Optimierung des Drüsensystems im Körper.

wirklich die Lösung. Man schafft ganz im Gegenteil ein neues Problem – Übergewicht!

Insbesondere das geringe Angebot an Energieträgern im Blut 2 bis 4 Stunden nach einer Mahlzeit mit leicht zu resorbierenden Kohlehydraten oder Süßigkeiten führt dann wieder schnell zu Hunger und vermehrter Nahrungszufuhr. Ein Kreislauf, angeregt durch einen ständig erhöhten Stresspegel, aus dem es fast kein Entrinnen mehr gibt, hat begonnen.

Experimente zeigten auch, dass Menschen unter Stressbelastung dazu neigen, neben leicht verwertbaren Kohlehydraten möglichst fetthaltige und damit auch hochkalorische Nahrung zu sich zu nehmen. Dies hat auch wieder urgeschichtlich mit den besonderen Lebensbedingungen und nicht immer verfügbaren Nahrungsmitteln zu tun.

Das im Körper zirkulierende Stresshormon Cortisol (wird in höheren Konzentrationen bei Stressbelastung ausgeschüttet) scheint dabei auch die Speicherung von Fetten unter Stressbelastung im Körper zu fördern bzw. den Fettabbau zu hemmen.

Wer nachts den Kühlschrank plündert, leidet nicht immer an übermäßigem Appetit. Nächtlicher Heißhunger kann auch ein Zeichen für nicht verarbeiteten Stress sein.

Natürlich spielt Stress auch eine wichtige Rolle bei Personen, die sich einer Diät unterziehen. Beginnt der Betroffene nun auch noch mit einer niederkalorischen Ernährungsdiät (»FdH«), ist dies wieder ein erhöhtes Stresssignal an das limbische System. Dieses drosselt sofort durch eine der Situation angepasste Reaktion die Verbrennung, die bei vielen Übergewichtigen ohnehin schon sehr niedrig ist.

Gehen wir zurück in die Steinzeit, verstehen wir sofort, warum sich das so verhält. Wenn es Nahrungsmangel gab, musste das limbische System auf Sparmodus umschalten. Zu viel Verbrennung hätte zum frühzeitigen Ableben des Steinzeitmenschen führen können, wenn das Nahrungsangebot suboptimal war.

Diäten wie die vorhin beschriebene bedeuten nach Ende der Diätphase immer noch stärkere Gewichtszunahmen. Bei vielen Menschen ist dieser Effekt leicht zu merken. Ihre Hände sind dann immer kühl. Das deutet, wie wir wissen, auf Stress und/oder auf eine geringe Verbrennung hin. Der Körper reduziert die Wärmeabgabe, um Energie zu sparen. Gleichzeitig kommt es im Normalfall im limbischen System zu einer Störung, die sich in Form eines ständigen, unwiderstehlichen Hungergefühls äußert. Das ist völlig logisch, denn das limbische Gehirn versucht mit allen Mitteln, den Hungernden »am Leben zu halten«. Dieser ständige Appetit hat eine angsthemmende Wirkung. Oft sind auch hier gerade die kleinen Ärgernisse schuld daran, dass sich das normale Essverhalten verstellt. Viele fühlen sich nicht wohl in ihrer häuslichen oder beruflichen Umgebung. Sie haben Folgendes sicher schon einmal gehört: »Ich habe mich da nicht wohl gefühlt, mir war eigentlich ständig kalt.«

Ein weiterer Stressfaktor der heutigen Zeit ist das viel zu schnelle Aufnehmen von Nahrung. Neben einer erhöhten Essgeschwindigkeit telefonieren viele Menschen noch nebenher, sehen fern oder arbeiten gar. Man hört auch von Menschen, die fast immer im Stehen essen. Man denkt sich schließlich ja nichts Schlechtes dabei, aber das limbische System nimmt auch diese Signale von außen sehr ernst und reagiert gnadenlos. Ständiges Essen unter Stress, Ärger oder mangelnder Zeit bedeutet für das limbische Gehirn, dass man in einer Krisenzeit lebt. Dadurch verstellt sich das innere Regelsystem.

Wird ein Mensch beim Essen gestört, detektiert das limbische Hirn Stress und stoppt sofort den Verdauungsprozess.

Dieser bleibt auch für viele Stunden deaktiviert. Gerade Nahrungsaufnahme sollte in Ruhe geschehen, denn neben der Arterhaltung (Fortpflanzung) ist die Erhaltung des Individuums das Wichtigste für das limbische System. Bei ständigen Störungen kommt sich dieses System bedroht und verfolgt vor. Es entstehen Dauerstress und Verdauungsprobleme.

Unsere Messungen zeigten darüber hinaus auch, dass bei zur Fettsucht neigenden Frauen und Männern schon beim bloßen Anblick der Speisen die Insulinkonzentration im Blut beträchtlich und für längere Zeit anstieg. Hingegen zeigten Personen, die nicht betroffen waren, nur einen kurzen und geringen Insulinanstieg im Test. Alleine schon beim Betrachten von Bildern oder Fotos, auf denen Speisen zu sehen waren, oder bei Nahrungsmitteln, die in Filmen oder im Werbefernsehen gezeigt wurden, zeigte sich der gleiche Effekt. Außerdem zeigte sich bei einer Messung der Schilddrüse[9], dass bei Personen, die zu Übergewicht neigten, die Schilddrüsenaktivität rapide abfiel. Dies ist gleichbedeutend mit einer schlechten Verbrennung und damit einer Abspeicherung in den Fettzellen. Der Körper, angeleitet durch das limbische System, macht sich wieder auf eine Krisensituation gefasst. Er speichert so viel Energie wie möglich. Diese Reserven lagert er in Form von Fett ein.

Umgekehrt wiesen Testpersonen ohne Gewichtsprobleme messbar erhöhte Schilddrüsenwerte auf. In diesem umgekehrten Fall wurden keine Fettreserven angelegt und vermehrt verbrannt. Das limbische Gehirn dieser Menschen stand keineswegs in Alarmbereitschaft. Deswegen entstand auch kein Übergewicht.

---

9 Messung der Ultralangsamen Potenziale (ULP) mit Hilfe des PcE-Trainers, eines Potenzialfeedback-Gerätes.

Wie ein Mensch auf Stress reagiert, ist natürlich eine sehr individuelle Angelegenheit, abhängig auch von der jeweiligen Gehirndominanz, dem Stress- oder Nerventyp und den Programmen. Wir haben oft gesehen, dass in den meisten Fällen, wo sich ein Mensch vernünftig ernährt hat, durch ein Entspannungstraining erste deutliche Erfolge gezeigt wurden. Ohne eine solide Grundentspannung ist jedes weitere Training in vielen Fällen vergebliche Mühe. Erst wenn man ein Entspannungstraining gut und effizient beherrscht, macht in der Regel ein nächster Schritt hin zum Zellaktivierungstraining in Form einer Messung des Drüsensystems Sinn.

Man sollte abschließend bemerken, dass das Abspeichern von Energie in Form von Fett ein natürlicher Prozess des menschlichen Organismus ist, der seit den frühesten Tagen der Menschheit existiert. Dieser Mechanismus war und ist absolut überlebensnotwendig. In Krisen oder Hungerzeiten mussten genug Reserven zur Verfügung stehen, um den Organismus am Leben erhalten zu können. Das ist der Grund, warum unser limbisches System bis heute zu der gleichen Strategie bei Stress zurückgreift. Diese Reserven werden (vor allem bei Männern) besonders im Bauchraum[10] »aufbewahrt«. Der Hüftumfang wächst also mit dem Stress.

Unter Anspannung und Druck zuzunehmen ist natürlich. Am besten vermeidet man dies durch gesundes, regelmäßiges Essen (bei Nahrungsmangel schlägt der Organismus sofort Alarm, und alles, was irgendwie essbar ist, wird sofort kompromisslos eingelagert) und ein effektives Entspannungstraining.

10 Studie der London Medical School 2006/2007.

Auch Menschen mit Schlafstörungen neigen oftmals zu Übergewicht. Grund dafür ist, wie Sie sich sicher schon denken können, wieder das Alarmsystem des Gehirns. Dieses System reguliert sowohl die Wachsamkeit als auch den Energiestoffwechsel und damit den Appetit. Gerät dieses System unter starken Stress, schlagen seine Nervenzellen bei jedem Ärger und bei jeder potenziellen Bedrohung Alarm. Dies kann zum Beispiel eine nächtliche Störung durch störende Geräusche oder ein Mangel an Nahrung sein. Die Folgen sind Schlaflosigkeit und Stoffwechselstörungen sowie ein übermäßig gesteigerter Appetit.

Einige Menschen werden aber unter Stress immer schlanker, ja sie magern fast ab. Sie verlieren die Lust am Essen und haben keinen Appetit. Dieser Effekt weist ebenfalls auf ein gestörtes System hin. Nehmen solche Menschen immer weiter ab, bekommen sie Verdauungsbeschwerden und Magen-Darm-Probleme. In diesem Fall ist ein effektives Entspannungstraining ebenso unabdingbar.

Beide Richtungen – die Neigung zur Fettsucht wie auch der rapide Gewichtsverlust und Appetitlosigkeit unter Stress – sind nicht zu übersehende Warnsignale des limbischen Systems. Es ist absolut wichtig, diese Signale rechtzeitig zu erkennen und die Sprache des Limbischen Gehirns verstehen zu lernen. In beiden Fällen sollte man sofort handeln.

Univ.-Prof. Dr. Béla Teleky, Facharzt für Chirurgie und Gefäßchirurgie, stellt fest, dass viele Stresssymptome an Häufigkeit zugenommen haben. Ein Grund dafür mag die wachsende Informationsflut, Überlastung der Menschen in der Arbeitswelt und auch die Angst um den Arbeitsplatz in der Privatwirtschaft sein. Daraus resultiert sicherlich ein Zeitmangel für Familie, Freizeit und Sport. Die Menschen verspüren durch den heutigen Zeitgeist einen vermehrten Druck und haben einfach weniger Zeit für sich selbst. Bei den Patienten bemerkt man oft ein deutlich gestörtes Konzentrationsverhalten. Das trifft auch schon im Kindesalter zu, weil die Belastung in der Schule zunimmt. Durch die familiäre Dissoziation und den Mangel an sportlicher Aktivität fehlt auch manchmal wohl die Orientierung. Prof. Teleky berichtet ebenfalls von vermehrten sexuellen Problemen, die noch immer ein Tabuthema sind, aber auch von einer Zunahme an Depressionen.

ENERGIE UND POWER

Entspannungs- und Entstressungsübungen alleine sind schon ein mächtiges Tool in unserer heutigen Welt. Bedenken wir aber, dass der Titel dieses Buches »Das Mentaltraining der Sieger« heißt, so wird vielen bereits aufgefallen sein, dass ein ganz wichtiger Baustein noch fehlt. Wir sprechen von Power und Energie. Über die Jahre unserer Forschung haben wir nicht nur sehr effektive Entspannungstechniken, sondern auch höchst wirksame Power-Tools erforscht und zusammengestellt. Grundsätzlich sollte aber vorweg gesagt werden, dass ein Power-Training nur dann möglich ist, wenn vorher ein ausreichend guter Entspannungszustand erreicht wurde. Wenn wir Stress haben, blockieren die damit verbundenen Hormone unser bewusstes Denken. Diese Funktion soll dem Menschen das Überleben sichern. Wenn wir über die Straße gehen und plötzlich rast ein Auto auf uns zu, schaltet das limbische System sofort auf Überlebensmodus um und lässt uns vollautomatisch zur Seite springen, oder startet eine andere Überlebensreaktion. Würden wir erst bewusst nachdenken und abwägen, ob wir lieber laufen, springen bzw. in welche Richtung wir flüchten sollen, wären wir wahrscheinlich längst vom Auto angefahren.

Im alltäglichen Berufsleben ist in der heutigen Zeit selten Kampf oder Flucht gefragt. Wir wollen uns alle unter Kontrolle haben und optimale Leistungen bringen. Das gilt für den Immobilienmakler genauso wie für einen Top-Manager, einen Steuerberater, aber auch für Schüler und Studenten. Wir wollen uns gut fühlen bei der Arbeit; wollen entspannt, aber nicht lethargisch sein. Wir wollen voller Energie sein und dabei doch nicht gestresst. Jeder kennt das, wenn man einen Tag hat, an dem einfach alles wie von selbst läuft. Messtechnisch sehen diese Tage in den meisten Fällen so aus, dass der Körper gut entspannt ist und das Potenzial in den Frontallappen des Gehirns hoch ist. Alleine diese Erkenntnis ist schon mehr wert als jeder

Powerdrink der Welt. Die Fähigkeit und Kraft, erfolgreich zu sein, ist in jedem von uns manifestiert, und der Grund, warum die meisten Menschen nicht gezielt darauf zugreifen, ist die Tatsache, dass kaum einer um die Funktionalität dieser Prozesse weiß. Wir wollen Ihnen in den folgenden Kapiteln Power- und Energieübungen zeigen, die genauso simpel und genauso effektiv sind wie die Entspannungsübungen der vorigen Kapitel. Beachten und bedenken Sie bitte, dass dieses Buch nach wie vor aufbauend funktioniert. Sie sollten vor Erlernen und Testen dieser Power-Übungen die Entspannungsübungen ausreichend gut beherrschen, um eine Leistungssteigerung bewirken zu können.

Die Konzentrationsatmung – Stoßatmung

Diese Atmung verhilft dem Trainierenden zu einer unmittelbaren, messtechnisch überprüfbaren Konzentrationssteigerung. Diese Leistungszunahme wirkt sich vor allem im wichtigen Stirnbereich des Gehirns aus, also in den frontalen Lappen (das sind jene Bereiche, die wir zuvor als rechte und linke Gehirnhälfte bezeichnet haben).

Bevor die Stoßatmung durchgeführt wird, sollte man Kenntnis von der Atemmittellage haben, da die Atemstöße von dort ausgeführt werden.

Die Atemmittellage ist der Bereich, von dem aus sowohl die Einatmung als auch die Ausatmung möglich ist. Es ist also ein Zustand, in dem die Exspirations- und die Inspirationsmuskeln vollkommen entspannt sind.

Übung: Konzentrationsatmung

- **Ausatmung:** Durch Oberbauchkontraktion, ähnlich wie beim Hecheln, wird der Oberbauch beim Ausatmen stoßartig nach innen gezogen. Dabei muss in der Nase ein Ausatmengeräusch entstehen, welches scharf und prägnant ist. Die Ausatmenstöße werden von der Atemmittellage aus durchgeführt.
- **Einatmung:** Nach Beendigung des Ausatmenstoßes wird die Oberbauchdecke losgelassen. Dadurch kommt passiv wieder Atem in die Lunge hinein. Es wirkt, als ginge das von ganz allein.
- Grundsätzlich ist die Einatmenphase also passiv. Die Ausatmenphase hingegen sehr aktiv. Durch das rhythmische Aneinandersetzen dieser Wechselvorgänge von passiv/aktiv und durch Konzentration auf die Nase, wo das Atemgeräusch wie oben beschrieben entstehen muss, entwickelt sich die Stoßatmung bzw. Konzentrationsatmung.

Die Frequenz der Atmung liegt zwischen 0,5 und 2 Hertz. Das heißt, ein Anfänger beginnt mit etwa einem Atemzug innerhalb von 2 Sekunden. Der Fortgeschrittene kann bis zu zwei Atemstöße pro Sekunde durchführen.

Die Dauer der Stoßatmung sollte mindestens 30 Sekunden betragen. Fortgeschrittene Anwender können sich auf bis zu 2 Minuten steigern. Selten werden mehr als 2 Minuten geübt. In diesem Fall empfehlen wir ein Maximum von 3 bis 5 Minuten.

Die Wirkung der Stoßatmung umfasst folgende positive Effekte:

- Kräftigung der Ausatmungsmuskulatur des oberen Bauches und des Zwerchfells
- Verbesserung der Konzentration
- Minimierung des Atembedürfnisses
- Steigerung der Wahrnehmung von inneren Signalen
- Erhöhung des Gehirnpotenzials in den Frontallappen (bewusste Aufmerksamkeit)
- Verbesserung der emotionalen Kontrolle
- Effektives Mittel gegen Depression und Burnout

Die Power-Augenübung

Bei dieser Übung handelt es sich um eine einfache, sehr effektive Energieübung, die wir erstmals in unserem Jugendbuch »MAPP-Training. Das Lerngeheimnis der Phogion-Schule« dargestellt haben. Um ein abgerundetes Programm ganz nach der Psychonetik-Philosophie zu gewährleisten, wollen wir die Übung an dieser Stelle nochmals kurz vorstellen.

Wie Sie sicher wissen, sind unsere Augen Teil des Gehirns. Denken Sie einmal an eine sehr traurige Situation in Ihrem Leben oder ein wichtiges emotionales Erlebnis. Versuchen Sie sich richtig gut in die Gefühlslage dieser Situation hineinzuversetzen. Wenn Sie dieses kleine Experiment richtig durchgeführt haben, werden Sie merken, dass Sie wahrscheinlich (zumindest ansatzweise) nach unten gesehen haben. Umgekehrt werden Sie sich sehr große Mühe bei dem gleichen Experiment geben müssen, wenn Sie versuchen, an dieses sehr emotionale Erlebnis zu denken, während Sie bewusst nach oben sehen (also die Augäpfel nach oben drehen).

Viele werden diesen Effekt sicher bereits kennen. Wenn wir zum Beispiel etwas konstruieren oder kopfrechnen, blicken wir zumeist nach oben. Die Augen funktionieren also wie eine Art »Lesezeichen« im Gehirn, denn sie sind Teil dessen.

Unsere Augen bzw. ihre Bewegungen bewirken aber noch viel mehr als eine bloße Hilfestellung bei diversen Überlegungen. Das beste Beispiel für die Macht der Augenbewegungen ist die EMDR[11]-Methode. Diese ist eine wissenschaftlich anerkannte, sehr effiziente Methode, um belastende Erlebnisse zu desensibilisieren bzw. zu verarbeiten. Bei dieser Technik folgt der Patient oder Trainierende in der Regel den Handzeichen des Therapeuten mit seinen Augen (abwechselnd rechts und links schauen). Wir verwenden in unserem Einzeltraining eine modifizierte Variante des EMDR, die wir noch um einige Hilfsmittel bereichert haben, um einen noch schnelleren Erfolg zu erzielen.

Es gibt aber auch Augenbewegungen, die direkt das Gehirn mit Hilfe von piezoelektrischer Energie aufladen. Diese wird erzeugt, indem man die Augäpfel in einer schnellen Frequenz abwechselnd nach oben und unten dreht. Am besten zu erlernen ist diese Übung wie folgt:

- Suchen Sie sich eine Wand in einem Zimmer aus und stellen Sie sich vor sie.
- Der Abstand zu der Wand sollte so gewählt werden, dass man die obere und untere Kante nur dann sehen kann (bei gerade gehaltenem Kopf), wenn man die

11 Eye Movement Desensitization and Reprocessing.

Augäpfel entweder vollständig nach oben oder nach unten dreht.

- Schauen Sie nun abwechselnd einmal zur oberen, dann zur unteren Kante der Wand und achten Sie darauf, dass Ihr Kopf völlig gerade bleibt. Er soll auf keinen Fall mithelfen beim Hinauf- oder Hinuntersehen.
- Die Frequenz, in der Sie die Augen einmal vollständig nach oben und dann nach unten drehen (also zur oberen und zur unteren Kante der Wand sehen), sollte schneller als eine Sekunde sein. Sie werden feststellen, dass diese Übung anfangs sehr anstrengend ist.
- Führen Sie diese Augenbewegung nun etwa 10 bis 20 Mal durch.

Sie werden merken, dass diese Übung sehr anstrengend ist und Sie anschließend vielleicht sogar einen leichten Druck auf den Augen verspüren. Außerdem kommt es bei Anfängern oft zu einem ganz leichten Schwindelgefühl. Diese beiden Effekte vergehen aber sehr schnell. Wenn Sie nun Ihren Körper und vor allem Ihren Kopf »durchchecken«, werden Sie merken, dass Sie sich mit einem Mal viel wacher und aktiver fühlen. Sie haben soeben Ihr Gehirn piezoelektrisch aufgeladen. Diese Energie kann für die verschiedensten geistigen Prozesse wie Arbeiten, Rechnen oder Lernen genutzt werden. Selbstverständlich funktioniert diese Übung besser, wenn Sie die Entspannungsübungen gut beherrschen.

Das PcE-Training

Seit jeher bildet das PcE-Training eines der Hauptstandbeine unserer Trainingsmethoden. Um dieses Training richtig durchführen zu können, sollten Sie zuerst Ihren PC-Muskel lokalisieren können.

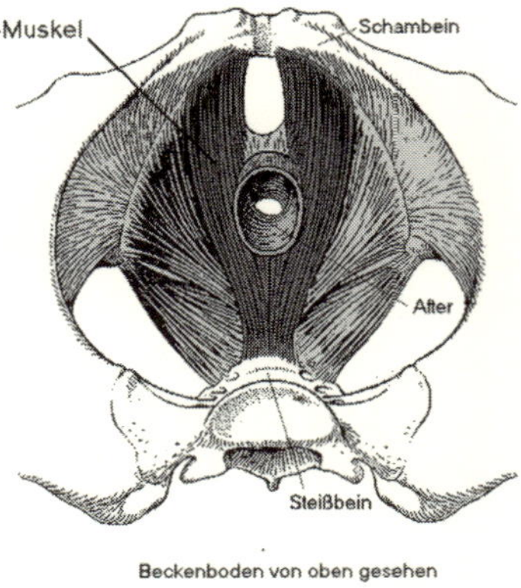

Abb. 15: Der Sitz des PC-Muskels

Der Pubococcygeus-Muskel (in weiterer Folge kurz PC-Muskel genannt) verläuft, vereinfacht gesagt, vom Schambein zum Steißbein. Er stützt den Anus und angrenzende Organe; er verhindert deren Absinken. Der Muskel liegt etwa 2 bis 3 Zentimeter unter der Hautoberfläche und wird größtenteils durch den sogenannten Pudendusnerv gesteuert. Dieser Nerv ist für die Kommunikation der Geschlechtsorgane und des Anus mit dem Gehirn verantwortlich. Vom PC-Muskel aus gibt es eine Nervenverbindung zum Beckennerv. Dabei verbindet eine Abzweigung des Beckennervs bei der Frau den Uterus und die Blase mit dem unteren Teil der Wirbelsäule. Beim Mann gibt es diese Verbindung zwischen Blase und Prostata zur Wirbelsäule.

Ein gut gestärkter PC-Muskel ist der wohl größte und stärkste Energiespender des Menschen – fast wie ein Kraftwerk. Ein Anspannen dieses Muskels stimuliert aber auch die Prostata beim Mann und den Uterus bei der Frau. So werden Hormone und Endorphine freigesetzt, die ein positives Gefühl erzeugen. Genau wie ein Bizeps kann auch der PC-Muskel gestärkt werden. Ebenso kann er aber auch an Kraft und Ausdauer verlieren, wenn er wenig genutzt wird. Am besten wird er durch ein gezieltes Training oder Sex trainiert. Ein zu schwacher PC-Muskel kann also auch Grund für sexuelle Probleme sein. In diesem Fall hilft natürlich das in weiterer Folge beschriebene PC-Muskeltraining.

Wie finde ich den PC-Muskel?

Die wohl einfachste und bekannte Art, den PC-Muskel zu finden, ist das willentliche Unterbrechen des Urinflusses auf der Toilette. Dabei sollte unbedingt darauf geachtet werden, dass einzig und alleine der PC-Muskel kontrahiert wird. Oft kommt es vor allem bei Anfängern zu dem Fehler, dass außerdem noch diverse Bein-, Bauch- oder Gesäßmuskeln angespannt werden. Ein Anspannen dieser anderen Muskeln vermindert jedoch die Wirkung des PC-Muskeltrainings sehr stark.

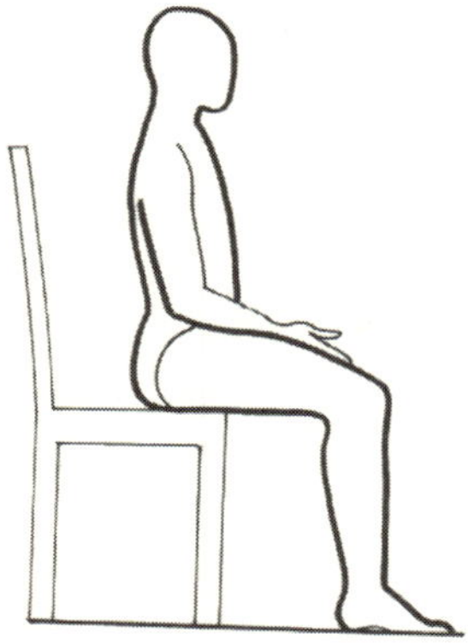

Abb. 16: Sitzhaltung für das PC-Muskeltraining

Das PC-Muskeltraining

Wie schon früher erwähnt, ist es wichtig, den Organismus zu entspannen, bevor man mit einem Power-Training beginnt. Um dies zu bewerkstelligen, bedienen Sie sich der Entspannungsübungen, die in diesem Buch beschrieben werden.

- Setzen Sie sich auf einen Stuhl. Achten Sie dabei, dass die Sitzfläche nicht zu weich ist, damit Sie nicht einsinken. Das würde die Übung anfangs sehr erschweren.
- Nehmen Sie eine korrekte, aufrechte Sitzposition ein, um den Energiefluss entlang der Wirbelsäule optimal zu gewährleisten.

ÜBUNG

ÜBUNG

- Legen Sie die Hände locker in den Schoß und überprüfen Sie noch einmal, ob Ihr Körper wirklich locker und entspannt ist. Sollte dies nicht der Fall sein, wenden Sie die beschriebenen Entspannungsübungen an, um diesen Zustand herbeizuführen.

Von diesem Punkt an besteht das Training aus zwei Varianten. Zum einen die Schnellkraftvariante:

- Spannen Sie nun gezielt den PC-Muskel an und atmen Sie dabei tief und flott ein. Verwenden Sie hierzu gleich die Bauchatmung. Die Einatmenphase sollte in etwa eine Sekunde dauern. Wichtig ist dabei, genug Luft einzuatmen, sodass keine Atemnot und somit kein Stress bei dieser Übung entsteht. Dies ist besonders wichtig, da Stress wiederum den Energiefluss hemmt.
- Sobald Sie angespannt und eingeatmet haben, entspannen Sie wieder und atmen aus. Auch diese Phase sollte entspannt und etwa innerhalb einer Sekunde durchgeführt werden. Die Pause zwischen Einatmen- und Ausatmenphase sollte kaum nennenswert sein, aber beachten Sie wieder, dass kein Stress entstehen soll.
- Führen Sie von dieser Übung 30 Wiederholungen durch. Das bedeutet, dass Sie 30 Mal anspannen und 30 Mal entspannen bzw. jeweils ein- und ausatmen.

Sollten Sie anfangs nicht so viele Wiederholungen schaffen, so versuchen Sie Ihre Leistung so lange zu steigern, bis Sie die 30 Mal schaffen. Die zweite Variante ist das Ausdauertraining:

- Genau wie beim Schnellkrafttraining des PC-Muskeltrainings sind auch beim Schnellkrafttraining Anspannen und Einatmen gekoppelt; genau wie das Entspannen und Ausatmen.

- Atmen Sie tief ein und spannen Sie Ihren PC-Muskel an. Das sollte etwa eine Sekunde dauern.
- Halten Sie nun gleich nach dem Einatmen die Luft an und den Muskel fest angespannt. Zählen Sie jetzt im Kopf langsam bis zehn. Das kann etwa 10 Sekunden gleichkommen.
- Wenn Sie bei der Zahl Zehn angekommen sind, entspannen Sie den PC-Muskel wieder und atmen Sie aus. Zählen Sie auch beim Entspannen von eins bis zehn. Dann fangen Sie mit einer neuen Anspannphase an.
- Diese Übung sollte 20–30 Mal wiederholt werden.

Auch hier gilt: Wenn der Muskel noch nicht stark genug ist, erzwingen Sie es nicht. Trainieren Sie regelmäßig und steigern Sie konstant die Leistung Ihres PC-Muskels.

Diese Übung kann Sie auf natürliche Art und Weise mit großen Mengen von Energie versorgen, vorausgesetzt, Ihr Organismus ist ausreichend gut entspannt.

ÜBUNG

Die Schilddrüsenübung

An früherer Stelle in diesem Buch wurde schon ein paar Mal das endokrine Drüsensystem erwähnt. Besonders bei unserer Arbeit mit Spitzensportlern, später aber auch im Top-Management-Bereich und im Lerntraining, spielte die Aktivierung des Drüsensystems eine zentrale Rolle. Neben der richtigen Ernährung und ausreichend guter Entspannung kann man das Drüsensystem mit Hilfe von gezielter Stimulation der Schilddrüse besser aktivieren. Dabei sieht das so aus, dass unser Drüsensystem bei Aktivieren der Schilddrüse erkennt, dass ein Teil des Systems nun mehr Leistung bringt als vorher. Konsequenz ist, dass das gesamte endokrine Drüsensystem des Menschen besser aktiviert wird, um wieder ein Gleichgewicht innerhalb des Systems herzustellen.

Die Schilddrüse ist ein Organ in unserer Halsgegend, das an der Regulierung des Stoffwechsels beteiligt ist und den Wärmehaushalt des Körpers zu einem großen Teil manipuliert. Detektiert die Schilddrüse Kälte, so wird bei einem gesunden Organismus der Stoffwechsel verstärkt und der Körper produziert mehr Wärme, um sich den »lebensbedrohenden« Begebenheiten anzupassen. Heute funktioniert dieses System bei den meisten Menschen nicht mehr ganz optimal. Grund dafür sind geheizte Wohnräume, Büros, Fahrzeuge usw. im Winter. Das ist natürlich im Prinzip eine sehr positive Sache und trägt sehr zur Lebens- und Arbeitsqualität bei. Es ist jedoch Fakt, dass die Schilddrüse in höchstem Maße »verwirrt« ist, wenn ein Mensch einen geheizten Raum verlässt und im Winter in der Kälte einen Spaziergang macht. Schlagartig stellt sich für die Schilddrüse die Welt von Hochsommer auf Winter um. Sie ist folglich in diesen Situationen hin- und hergerissen. Trägt man nun in der kalten Jahreszeit einen Schal oder Rollkragenpullover, so verwirrt man die Schilddrüse noch weiter. Der Körper kühlt ab, aber die Schilddrüse detektiert nur Wärme. Man erkennt die Intentionen der Natur unter anderem auch daran, dass Männer im Bereich der Schilddrüse keinen Bartwuchs aufweisen. Das Organ soll Temperaturunterschiede perfekt detektieren und darauf reagieren können.

Eine schlecht arbeitende Schilddrüse wirkt sich neben Gewichtsproblemen aber auch in Form von ständiger Müdigkeit und Lethargie ohne ersichtlichen Grund aus. Auch das Gehirn wird dadurch beeinflusst. Arbeits- und Lernleistungen fallen bei einer schlechten Arbeitsweise des Drüsensystems rapide ab. Auch ist das ein Grund für sexuelle Probleme.

Im Alltag schwankt der Aktivitätslevel der Schilddrüse sehr stark. Wenn man zum Beispiel Sport betreibt, ist der Level höher, als wenn man zu Hause vor dem Fernseher sitzt. Beim Essen verbrennen Menschen, die in diesen Situationen die Schilddrüse vermehrt aktivieren, die Nahrung besser und nehmen nicht zu. Umgekehrt kommt es bei einer Dämpfung der Schilddrüse beim Essen zu einer sehr schnellen Gewichtszunahme.

Die Aktivierung der Schilddrüse ist im Grunde eine sehr simple Angelegenheit. Vorausgesetzt, sie hat alle nötigen Stoffe zur Verfügung, ist die Schilddrüse ein Organ, das von außen mechanisch stimuliert werden kann.

Auffinden der Schilddrüse

Zuerst sollte erklärt werden, wo sich die Schilddrüse genau befindet.

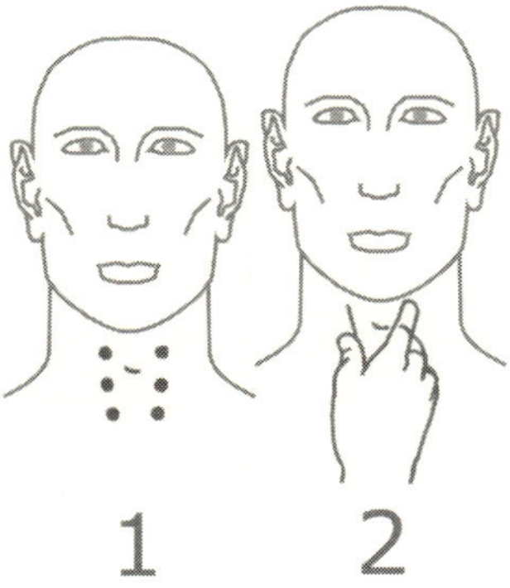

Abb. 17: So finden Sie Ihre Schilddrüse

Eigentlich ist das Organ sehr leicht zu ertasten. Es besteht aus zwei großen »Lappen« rechts und links vom Kehlkopf, etwa auf gleicher Höhe. Die Ausprägung variiert von Mensch zu Mensch. Nehmen Sie sich einige Augenblicke Zeit, die Schilddrüsenlappen genau zu ertasten. Sie fühlen sich anders als Muskel- oder Fettgewebe an. Wenn Sie den Kopf bei ausgestrecktem Hals leicht nach vorne neigen, während Sie die Finger sanft rechts und links von Ihrem Kehlkopf an den Hals legen, sollten Sie spüren, wie sich die Lappen geringfügig verschieben. Sie »rutschen« dann ein Stück nach

ÜBUNG

vorne. Die umseitige Abbildung sollte helfen, die Schilddrüse finden zu können.

Übungsanleitung: Die Schilddrüse

Wenn Sie die Schilddrüsenlappen einmal gefunden haben, sollten Sie sich ihre Position und das Gefühl, wie sie sich anfühlen, genau merken.

- Legen Sie die Fingerkuppen Ihrer bevorzugten Hand sanft auf die Stellen an Ihrem Hals, wo sich die Schilddrüse befindet.
- Wenden Sie ein kleines bisschen Druck an diesen Stellen an. Das sollte gerade so viel sein, dass Sie problemlos sprechen können, ohne dass sich Ihre Stimme verstellt (auf keinen Fall würgen).
- Bewegen Sie nun die Finger bei gleichbleibendem Druck in Kreisbewegungen über den gesamten Schilddrüsenlappen. Diese Bewegungen können und sollen großräumig durchgeführt werden, um wirklich die Lappen vollständig zu massieren.
- Achten Sie bei der Massage darauf, die Finger stets in der Position zu lassen, in der Sie sie anfangs aufgelegt haben. Es sollte auf keinen Fall über die Haut gerieben werden, da auf diesem Wege unschöne Rötungen entstehen können.
- Für einen deutlichen Trainingserfolg empfehlen wir 50–100 Wiederholungen dieser Übung. Das klingt jetzt mehr, als es tatsächlich ist. Sie werden merken, dass Sie mit ein bisschen Routine diese Übungen schnell und trotzdem sorgfältig machen können.
- In der Mitte der Übung sollten Sie die Hand wechseln,

um beide Lappen etwa gleich intensiv zu massieren (sonst massiert auf einer Seite immer nur der Daumen, während auf der anderen Seite immer die restlichen vier Finger massieren).

Die Massage der Schilddrüse bewirkt eine bessere Durchblutung des Organs und damit eine bessere Funktionsweise. Egal ob die Schilddrüse leicht über oder unter der optimalen Funktionalität liegt, die Übung sollte die Funktionsweise optimieren.

Wir empfehlen Menschen mit Schilddrüsenproblemen (egal welcher Art), die Anwendung dieser Übung vorab mit einem Arzt abzusprechen. Die Übung ist auch kein Ersatz für Schilddrüsenmedikamente. Eine etwaige Reduktion von Medikamenten muss immer erst mit dem zuständigen Arzt abgesprochen werden!

Tipp: Wenn Ihnen oft ohne Grund kalt ist, bietet sich die Schilddrüsenübung auch sehr gut an, um den Organismus ein wenig aufzuwärmen. Probieren Sie es einfach aus.

DAS MENTALTRAINING DER SIEGER IM ÜBERBLICK

In der folgenden Liste finden Sie alle Übungen des Trainingsprogramms im Überblick. Diese sind unterteilt in einen Entspannungs- und einen Powerteil. Die genauen Übungsbeschreibungen entnehmen Sie dem jeweiligen Kapitel.

DAS MENTALTRAINING DER SIEGER – ÜBUNGSPLAN	
Tests	
Hypox-Atemtest	Seite 78
Entspannungstraining	
Progressive Muskelentspannung	Seite 59
1:4-Atmung	Seite 60
Fingerpulsfühlen	Seite 63
3 Min. flaches Atmen mit verlängerter Ausatmung	Seite 81
Verlängerte Atempause	Seite 85
Runenübungen	Seite 89
Entspannung & Power	
Entladungsatmung	Seite 103
Power	
Stoßatmung/Konzentrationsatmung	Seite 123
Power-Augenübung	Seite 125
PcE-Training	Seite 127
Schilddrüsenübung	Seite 134

Die Gehirndominanz-Atmung

Oft haben wir in den vorhergehenden Kapiteln von der Gehirndominanz, ihrer Auswirkung auf den menschlichen Organismus und die Psyche wie auch von ihren Vor- und Nachteilen gesprochen. In unseren Seminaren fragen die meisten Teilnehmer früher oder später: »Wenn ich also zu rechtshirnig bin« (nur ein Beispiel), »was soll ich nun dagegen machen ohne Trainer und Biofeedback-Gerät?«

Diese Frage ist absolut berechtigt, und es gibt tatsächlich einige Übungen und Techniken, mit deren Hilfe man die Gehirndominanz eines Menschen verändern kann. Das eigentliche Problem – und das ist der Grund, warum dieses Kapitel so weit hinten angereiht wurde – ist, dass die Gehirndominanz an sich und das Training, mit dem man sie trainieren kann, in den meisten Fällen nicht einfach verläuft. Eines der Hauptprobleme besteht darin, dass ein Erfolg nur schwer überprüfbar ist ohne eine ULP-Messung (zum Beispiel mit Hilfe des PcE-Trainers). Wir wollen Ihnen gerne an dieser Stelle eine simple, zuverlässige Übung mit auf den Weg geben, die es Ihnen ermöglichen soll, das eigene Gehirnpotenzial kurzzeitig zu modifizieren. Auf lange Sicht, das heißt bei regelmäßigem Durchführen dieser Übung, kommt es praktisch immer zu einer Umstrukturierung der Gehirndominanz. Das heißt, dass eine Person, die zum Beispiel ein sehr hohes Maß an Rechtshirnigkeit aufweist und die Übung zur Stimulation der linken Gehirnhälfte oft wiederholt, nach einigen Wochen und Monaten nach und nach einen Ausgleich erfährt. Wie lange das dauert, hängt von der allgemeinen Flexibilität, Korrektheit der Übung und Häufigkeit der Wiederholungen ab. In der Regel merken viele Menschen schon nach einmaligem Durchführen der Übung, dass sich etwas verändert. Bleiben wir dazu gleich bei unserer fiktiven Person mit der starken Rechtshirndominanz.

Wenn dieser Mensch zu depressiven Phasen und starkem Trauergefühl neigt, kann die Übung zur Stimulation des Linkshirnpotenzials diesen Zustand auflösen. Wird die Übung länger betrieben, wandelt er sich gar in ein Hochgefühl.

Schon in alten Yogalehren unterrichtete man, dass Rhythmus, Tiefe und Form unserer Atmung ein Weg ist, unser Bewusstsein zu verändern, einen Heilungsprozess zu beschleunigen oder die körperliche Leistungsfähigkeit zu verbessern.

Die Atmung durch die rechte oder die linke Nasenöffnung aktiviert stärker verschiedene Gehirnbereiche, die unterschiedliche subjektive Erfahrungen hervorrufen. Dabei ist es wichtig zu wissen, dass ein Atmen durch die linke Nasenöffnung die rechte Gehirnhälfte stimuliert, während umgekehrt das Atmen durch die rechte Nasenöffnung die linke Hemisphäre des Gehirns aktiviert. Es gibt einen ständigen Wechsel zwischen der Atmung durch die beiden Nasenöffnungen (Nasenrhythmus). Das zeigt sich auch bei unseren Gehirnpotenzialmessungen. Unter natürlichen Voraussetzungen bestimmt die Schleimhautblutfülle den Strömungswiderstand des Atemweges in der Nase. Dadurch kommt es bei erhöhter Blutfülle in einem der beiden Nasenräume dazu, dass ein Atemweg mehr behindert wird als der andere. Diesen Effekt sehen wir bei Erkältungen und auch beim Liegen (physikalisches Hervorrufen des Effekts).

Wissenschaftliche Untersuchungen dazu haben gezeigt:

1. Man atmet meistens immer zum größten Teil nur durch ein Nasenloch (selten wird gleichmäßig durch beide Nasenlöcher geatmet).
2. Die Atmung durch jeweils ein Nasenloch wechselt nie grundlos.
3. Einflüsse von außen wie zum Beispiel ein Unfall, Schock,

große Freude, aber auch eine üppige Mahlzeit scheinen diesen Aspekt der Atmung zu beeinflussen.

4. Die Zeitspanne der Nasenzyklen variiert in einem Zeitraum von 1,5 bis 3 Stunden (90-Minuten-Rhythmen findet man auch bei spontanen Augenbewegungen im EEG).
5. Bei Sonnenuntergang neigen sehr viele Probanden zu einer Atmung durch die linke Nasenöffnung. Unmittelbar nach Sonnenaufgang verhält sich dies genau umgekehrt.
6. Richtet man ein starkes Licht auf eines der beiden Augen, verändert sich der Atemzyklus ebenfalls. Dies zeigt, dass der Nasalzyklus hauptsächlich durch Signale des Gehirns bedingt ist.
7. Der Zyklus bleibt auch im Schlaf weitgehend aufrecht. Ein Wechsel ist zu Beginn einer neuen REM[12]-Phase zu verzeichnen.
8. Eine EMG-Messung (Elektromyografie – Messung der Muskelspannung) zeigt, dass bei einer Atmung durch die linke Nasenöffnung die rechte Kopfhälfte stärker angespannt ist. Umgekehrt ist die Muskelspannung auf der linken Kopfhälfte stärker, wenn mehr durch die rechte Nasenöffnung geatmet wird.
9. Statistische Auswertungen haben ergeben, dass Menschen, die öfter durch die linke Nasenöffnung atmen, räumlicher ausgerichtet sind. Jene, die häufiger durch die rechte Öffnung atmen, sind eher verbal ausgerichtet.

Die Erkenntnis, dass ein verstärktes Atmen durch eine der beiden Nasenöffnungen die Gehirndominanz beeinflusst, war gleichzeitig die Geburtsstunde dieser Übung.

12 REM: Rapid Eye Movement.

ÜBUNG

So funktioniert die Gehirndominanz-Atmung:

Variante 1: Stimulation der linken Gehirnhälfte

- Atmen Sie für mindestens 15 Minuten ausschließlich durch die rechte Nasenöffnung. Um dies zu bewerkstelligen, halten Sie entweder die linke Nasenöffnung zu oder verstopfen Sie diese mit einem Papiertaschentuch oder Ähnlichem.
- Wichtig! Die linke Nasenöffnung muss komplett dicht verschlossen sein. Sollte auch nur ein klein wenig durch diese Öffnung geatmet werden können, mindert dies den Effekt der Übung.

Variante 2: Stimulation der rechten Gehirnhälfte

- Atmen Sie für mindestens 15 Minuten ausschließlich durch die linke Nasenöffnung. Um dies zu bewerkstelligen, halten Sie entweder die rechte Nasenöffnung zu oder verstopfen Sie diese mit einem Papiertaschentuch oder Ähnlichem.
- Wichtig! Die rechte Nasenöffnung muss komplett dicht verschlossen sein. Sollte auch nur ein klein wenig durch diese Öffnung geatmet werden können, mindert dies den Effekt der Übung.

Setzen Sie diese Übung stets mit Bedacht ein. Eine starke Aktivität der jeweiligen Gehirnhälfte bringt nicht nur deren Vorzüge, sondern auch die Nachteile mit sich. Dennoch kann diese Übung in vielen Fällen äußerst hilfreich sein. Sollten Sie eine starke Rechtshirndominanz aufweisen, raten wir davon ab, diese noch weiter zu stimulieren. Eine Aktivierung der linken Hemisphäre könnte einen guten und angenehmen Ausgleich zu den negativen Effekten der rechten Gehirnhälfte darstellen.

DER OPTIMALE ERREGUNGSZUSTAND

Eines der größten Geheimnisse hinter den Erfolgen von Spitzensportlern oder Top-Managern war schon immer der Zustand, in dem sie die Dinge vollbringen, über die wir staunen oder die sie über ihre Konkurrenz heben. Wir sprechen vom optimalen Erregungszustand eines Menschen. Vielen wird dieser Zustand unter anderen Namen bekannt sein, wie »Flow« oder »Zone«, um die wohl bekanntesten zu nennen. Es ist im Grunde genommen vollkommen irrelevant, wie Sie den Zustand bezeichnen wollen, denn am Ende ist es immer derselbe. Es ist derjenige Zustand, in dem Sie körperlich gut entspannt, aber doch nicht lethargisch sind. Alle Muskeln sind locker und gut durchblutet. Die Reaktion ist schnell und sicher. Sie können das volle Potenzial Ihres Körpers nutzen. Sie fühlen sich gesund!

Dieser Zustand wäre nicht perfekt ohne den richtigen Antrieb. Das ist der Grund, warum wir ihn Erregungszustand nennen. Vielleicht kennen Sie ja Menschen, die ständig von sich behaupten, ein gewisses Maß an Stress zu brauchen, um gute Leistungen erbringen zu können. Man spricht auch von Eustress. Wenn Sie alle Übungen und Trainings dieses Buches absolviert haben und bereits Ihre eigenen Erfahrungen damit gesammelt haben, werden Sie jetzt vielleicht darüber schmunzeln. Eigentlich haben Menschen, die so etwas sagen, gar nicht so unrecht. Sie erkennen instinktiv, dass ohne einen Antrieb keine Leistung gebracht werden kann. Das grundlegende Problem besteht jedoch darin, dass Stress nicht die Lösung ist. Denken Sie an dieser Stelle noch einmal zurück zu dem Kapitel, in dem wir analysiert haben, was Stress wirklich ist und wie er sich auf den menschlichen Organismus auswirkt. Die Lösung liegt in einer perfekten Kombination aus Entspannungstraining und Power-Training, wobei einige wichtige Details beachtet werden müssen.

Entspannung bedeutet für den optimalen Erregungszustand, dass wir unseren Körper optimal einsetzen können, wenn es notwendig ist. Dieser Aspekt ist natürlich in Bereichen wie dem Spitzensport unabdingbar. Es bedeutet nicht, dass der Körper sich müde anfühlt, sondern eher neutral, gesund und doch energiegeladen. Er funktioniert perfekt, ohne dass wir uns darum Sorgen machen müssen, ob die nötige Geschicklichkeit, Stärke oder Ausdauer zur Verfügung steht. Eine gute Entspannung der Muskeln zum Beispiel bietet den Vorteil, sofort reagieren zu können. Ist ein Muskel bereits angespannt (auf Grund von Stress), so muss er sich erst entspannen, bevor er wieder so kontrahiert werden kann, wie wir es für die aktuelle Situation brauchen.

Kommen wir also zum Power-Aspekt. Um den Energiefluss überhaupt auf ein Niveau zu bringen, wo ein optimaler Erregungszustand möglich wird, muss man zuvor entspannt sein bzw. ein Entspannungstraining sofort beherrschen. Richtig eintrainiert und angewandt, schaffen es die Spitzensportler und Top-Manager, die mit uns trainiert haben, in wenigen Sekunden diesen Zustand herzustellen. Oft ist es sogar so, dass der Körper automatisch den optimalen Erregungszustand produziert, wenn er merkt, dass ein Entspannungstraining eingeleitet wird. Unser Unbewusstes automatisiert den Prozess nach einiger Übung. Einfache Trainingsmethoden ermöglichen es dem Anwender dieses Trainings, jederzeit das Potenzial zu produzieren, das er für diesen Zustand benötigt.

Bei unseren Biofeedback-Messungen haben wir immer wieder gesehen, dass Menschen, die sich im optimalen Erregungszustand befinden, perfekt entspannt sind. Die Muskelspannung ist gering, Hände und Füße sind gut durchblutet und der Hautwiderstand bzw. Hautleitwert befindet sich in einem optimalen

Entspannungsbereich. Außerdem haben wir bei der Messung der Gehirnpotenziale (ULP) gesehen, dass sehr hohe und vor allem ausgeglichene, flexible Potenziale in den Frontallappen des Gehirns vorhanden sind. Das sind jene Bereiche, wie wir wissen, die für bewusstes Denken und Handeln vonnöten sind. Je nach Situation passen sich die Potenziale an. Wird die Lösung einer Kopfrechnung verlangt, so sieht man einen deutlichen Anstieg in der linken Gehirnhälfte (Frontallappen). Die rechte Seite aktiviert sich in vielen Fällen leicht mit, um anschließend das Ergebnis auf seine ungefähre Richtigkeit hin abzuschätzen.

In diesem Kapitel wollen wir Ihnen zeigen, was neben Entspannung und Power noch zu diesem optimalen Erregungszustand gehört!

Der Mechanismus der Konzentration

Angefangen hat all das mit unserem Spitzensporttraining. Im Zuge dieser Praxis wurden wir erstmals auf die unbewusst ablaufenden Mechanismen aufmerksam, die zwischen Sieg und Niederlage entscheiden. Da wir in diesem Bereich viel mit Hypnose bzw. Selbsthypnose gearbeitet haben (später haben wir das MindMorphing-Verfahren verwendet), hat sich schnell gezeigt, dass Sportler, die sich zu stark auf ihre eigenen Schwächen konzentrieren, nur selten große Erfolge feiern. Hingegen haben wir bei außergewöhnlich guten Sportlern immer gesehen, dass sie sich auf ihre Stärken konzentrieren und auch auf sie verlassen können. Überall, wo wir Leistung erbringen sollen, ist es unabdingbar, dass wir uns auf unsere Stärken konzentrieren und diese weiter ausbauen. Großen Schwächen sollte hingegen kaum Beachtung geschenkt werden. Was jetzt ein wenig abenteuerlich klingen mag, ist in Wahrheit der Schlüssel zum Erfolg. Wir wollen uns keineswegs etwas vormachen oder alles künstlich schönreden. Es ist jedoch so, dass das Konzentrieren auf eine Schwäche diese nährt. Das gibt ihr Kraft und verstärkt sie. Man konnte auch feststellen, dass eine Schwäche immer kleiner wird, je weniger man sich auf sie konzentriert. Viele Menschen gehen das nicht ganz optimal an. Sie glauben, wenn man sich extrem mit einer Schwäche auseinandersetzt, kann man sie besiegen. Tatsächlich ist das aber der Weg des größten Widerstandes.

Wie bei allen Aspekten unseres Trainings ist auch das recht einfach erklärt. Was passiert, wenn ich mich auf eine Schwäche konzentriere, wenn ich mich richtig eingehend mit ihr befasse, Stunden meines Tages damit verbringe, darüber zu brüten, wie ich sie besiegen kann, oder mit Hilfe diverser Trainings genau auf die Lösung dieses Problems abziele?

Genau, es bleibt nicht mehr viel Zeit für andere Dinge. Jeder von uns weiß ganz genau – unsere Multitasking-Fähigkeit in Ehren –, dass man wie mit Scheuklappen durchs Leben läuft, wenn man extrem fokussiert auf etwas ist. Wenn das ein positives Ziel ist, so nennt man das wohl zielstrebig. Wenn wir aber ganz verbissen sind in unsere Schwächen und Probleme, bleibt keine Zeit mehr für die positiven Dinge. Diese Rechnung geht eigentlich leicht auf, wenn man nachdenkt und ehrlich ist.

Konzentriere ich mich zum Beispiel auf meine Geldsorgen, so weiß ich bald alles über sie – bis ins kleinste Detail. Kann ich sie dadurch lösen? Manch einer würde vielleicht Ja sagen, aber sehen wir uns das Gegenbeispiel an:

Ich konzentriere mich auf meine Stärken und meine Fähigkeiten. Ich gehe mit offenen Augen und Ohren durchs Leben. Sicher, die Geldsorgen sind da und sie fallen mir negativ auf. Durch die Konzentration auf meine Umgebung bin ich jedoch in der Lage, Chancen zu erkennen, und Chancen sind das wirklich Wichtige im Leben. Konzentrieren wir uns zu sehr auf etwas, so gehen die Chancen des Lebens an uns vorbei, ohne dass wir sie bemerkt haben. Womöglich glaube ich am Ende sogar, ich hätte als einziger Mensch überhaupt kein Glück. Das stimmt nicht. Ich verschließe mich durch meine Handlungsweise allen Chancen, die mir helfen könnten, aus der Situation herauszukommen.

Außerdem muss man noch anmerken, dass viele Menschen in problematischen Lebenslagen sehr negativ denken (wer kann es ihnen auch verübeln?). Dadurch entsteht ein größerer Frust, und man gibt seinem Unbewussten die Chance, viele negative Suggestionen zu manifestieren, denn eine Verneinung kennt unser Unbewusstes so gut wie nicht. Wenn ich Ihnen sage: »Sie sehen nun keinen rosaroten Elefanten«, kann ich mir sicher sein, dass die meisten Leser einen in ihrem Kopf gesehen haben. Diese Funktionalität des Unbewussten ist durchaus keine schlimme Sache, wenn man weiß, wie es positiv beeinflusst werden kann, und genau hier setzen wir an. Denken Sie an Ihre Stärken! Machen Sie sich, wenn nötig, eine Liste Ihrer positiven Eigenschaften und Fähigkeiten. Bauen Sie diese weiter aus und nutzen Sie sie, so gut Sie können. Erfolgreiche Menschen machen genau das, denn sie haben genau so viele Schwächen wie jeder andere Mensch auch. Es geht hier nicht darum, künstlich positiv zu denken, sondern darum, ohnehin Gutes auszubauen, um persönliche Schwächen mehr als nur auszugleichen.

Überprüfen Sie stets: Worauf konzentriere ich mich im Moment?

In unserer Seminarpraxis hören und sehen wir oft, dass viele Unternehmen ihre Mitarbeiter durch Beratungsfirmen analysieren lassen, um die eigenen firmeninternen Schwachstellen herauszufinden. Das ist im Grunde ein sehr interessante Information, ist aber nach unserer Erfahrung viel komplizierter, als sich darauf zu konzentrieren, was man im Grunde wirklich will. Bei unseren Mental-Checks stellen wir sehr wohl Stärken und Schwächen von Mitarbeitern eines Unternehmens fest. Der Lösungsansatz sieht dabei jedoch immer so aus, der Person die Stärken mitzuteilen, mit der Empfehlung, diese auszubauen. Dann erstellen wir eine gezielte Methode, mit der der Einzelne sofort und noch vor dem Messgerät lernt, seine negativen Eigenschaften wie z. B. zu starke Stressreaktionen zu beseitigen.

Loslassen

Um Schwächen und Probleme nun tatsächlich loszuwerden und in den Griff zu bekommen, ist es erforderlich, erst einmal loszulassen.

Der erste Schritt dieser Vorgehensweise besteht darin, den IST-Zustand zu akzeptieren. Wenn Sie möglichst schnell etwas an Ihrem IST-Zustand verändern wollen, so ist es dringend notwendig, nicht an ihm festzuhalten. Akzeptieren bedeutet eben genau das und nicht, dass man sich extrem auf den Zustand konzentriert, denn genau so würde man ihn festhalten. Man steckt seine ganze Energie in die Erhaltung des Zustandes. Ihr Unbewusstes bewerkstelligt das Festhalten, indem es einfach alle Chancen auf Veränderung blockiert. Sie werden so beschäftigt sein mit Ihren Problemen, dass Ihnen, wie oben erwähnt, keine Ressourcen mehr bleiben, um neue Chancen zu ergreifen. Wenn man den IST-Zustand erstmals wirklich loslässt, passiert etwas ganz Interessantes von alleine: Eine Veränderung tritt ein!

Im Prinzip macht es ja gar keinen Sinn, an einem IST- Zustand festzuhalten, wenn er schlecht ist. Er ist bereits Realität und daran können Sie nun nichts mehr ändern. Die einzige Chance besteht darin, voranzuschreiten. Halten Sie aber an dem negativen IST-Zustand fest, bleibt die Veränderung aus. Das bedeutet, dass es nicht besser werden KANN!

Versuchen Sie sich deswegen auch nicht damit aufzuhalten, sich zu sehr über einen schlechten IST-Zustand aufzuregen, denn es ändert nichts. Es ist klar, dass das anfangs nicht einfach ist, aber wenn Sie wirklich etwas an der Situation ändern wollen – ob das nun ein privates oder berufliches Problem ist –, schreiten Sie voran! Nutzen Sie Ihr Potenzial, bauen Sie Ihre Stärken aus und setzen Sie sie ein, um ein zukünftiges positives Ziel zu erreichen. Lassen Sie den negativen IST-Zustand los. Lassen Sie ihn zurück.

Was JETZT ist, kann niemand ändern. Beeinflussen Sie die Zukunft!

Wenn ein Mensch das JETZT, den IST-Zustand, nicht akzeptiert, macht er etwas sehr Unlogisches. Er schafft sich einen unbewussten inneren Konflikt. Das ist ein Konflikt, der sich zwischen der Person selbst und dem aktuellen IST-Zustand abspielt. Er behindert uns insofern, als er eine Weiterentwicklung fast unmöglich macht.

Doch auch wenn man sich zu verbissen auf ein Ziel konzentriert, kann sich das begrenzend auf das eigene Unbewusste auswirken. Zu verbissen an ein Ziel zu denken bzw. dieses zu verfolgen kann dazu beitragen, dass man nicht mehr klar und locker denken kann. Sich auf etwas zu konzentrieren heißt schließlich, anderes auszuschließen. Man nimmt dann nicht mehr wahr, was um einen herum geschieht, und das ist ganz eindeutig eine Begrenzung der persönlichen Möglichkeiten. So werden Chancen oft einfach übersehen. Ein Verkäufer, der sich verbissen auf den Abschluss eines Verkaufs bei einem Kunden konzentriert, nimmt die Bedürfnisse des Kunden nicht mehr in seiner Ganzheit wahr. So kann er im letzten Augenblick noch den möglichen Auftrag verlieren.

Ein richtiges Ziel soll immer vorhanden sein; aber zu starke Konzentration auf das Ziel begrenzt unser Potenzial, unser Unbewusstes. Man setzt sich ein Ziel, aber man sollte sich immer einen möglichst großen Freiraum dabei lassen, dieses Ziel zu erreichen. Nur so kann unser Unbewusstes neue, kreative Wege finden, die uns unseren Zielen schnell näherbringen. Beschränken wir die Ziele, indem wir zu starre Vorgaben geben, so kann es sein, dass wir die Ziele nur langsam oder manchmal gar nicht erreichen können. Je flexibler wir ein Ziel vorgeben, je weniger starr wir vorgehen, umso leichter kann unser Unbewusstes uns helfen, unsere Wünsche und Ziele zu erreichen.

Im Hier und Jetzt handeln – nutzen Sie den optimalen Erregungszustand!

Nicht fähig zu sein, im Hier und Jetzt zu leben, heißt, das aktuelle IST nicht akzeptieren zu können und immer in der Vergangenheit oder in der erdachten »Zukunft« zu leben. Doch das Leben findet ja eigentlich in der Gegenwart statt. Außerdem: JETZT gibt es im Grunde nichts, und genau deswegen ist es das Beste, das Hier und Jetzt zu akzeptieren bzw. das Optimum herauszuholen. Das Leben ist in einem steten Fluss begriffen, und das, was wirklich ist, ist dieser kleine Fokus inmitten einer riesigen Masse aus Vergangenheit und Zukunft. Der erste Schritt, um im Hier und Jetzt zu leben, ist Loslassen.

Wenn wir Sportler trainiert haben, dann haben wir sie im-

ÜBUNG

mer dazu angeleitet, in einem Wettkampf nicht auf das Vergangene, auf die eventuell vergebene Chance oder das zuvor gute Ergebnis zu achten, sondern immer nur auf den Augenblick, auf das Jetzt. Im Tennis hat das bedeutet: »Nur der aktuelle Aufschlag zählt, der aktuelle Ball, die aktuelle, augenblickliche Leistung!« Sind die letzten drei Bälle ins Netz gegangen, so darf das nicht den Ball der Gegenwart beeinflussen. Veränderung ist nur dann möglich, wenn man loslässt. Wenn man die verschlagenen Bälle hinter sich lässt, hat man wieder Raum für einen guten Aufschlag. Das Gleiche gilt aber auch für einen Manager oder Verkäufer, aber auch unzählige andere Berufszweige. Konzentrieren wir uns auf das, was in der Gegenwart ist, ohne dabei die Zukunft aus den Augen zu lassen. Die Art und Weise, so zu handeln, unter Berücksichtigung eines perfekt funktionierenden Entspannungs- und Powertrainings, ist das, was man Flow, Zone oder aber den optimalen Erregungszustand nennt.

Übung zum Loslassen

Diese Bonusübung soll das aktive und bewusste Loslassen unterstützen. Bedenken Sie, wir atmen im Hier und Jetzt. Die Atmung verändert unser JETZT und damit auch unsere Zukunft. Verändern Sie sie zu Ihren Gunsten!

Die Übung besteht aus zwei Schritten:

Schritt 1

- Setzen Sie sich aufrecht auf eine angenehme Sitzgelegenheit. Legen Sie die Hände locker in den Schoß.
- Atmen Sie nun im Verhältnis 1:4 wie bereits beschrieben.
- Bei jedem Einatmen spannen Sie alle Muskeln in Ihrem

Körper wie bei der progressiven Muskelentspannung an. Das soll so flott gehen wie Ihre Einatmenphase.

- Wenn Sie nun viermal so lange ausatmen, wie Sie eingeatmet haben, entspannen Sie alle Muskeln ganz bewusst. Achten Sie darauf, dass sich Ihre Schultern wieder senken und die Hände anschließend wieder locker im Schoß liegen.

Schritt 2

- Suchen Sie sich, ähnlich wie bei der Power-Augenübung, zwei Fixpunkte im Raum. Diesmal sollen diese Punkte jedoch nicht oben und unten sein, sondern rechts und links. Sie können zum Beispiel die linke und rechte Kante einer Wand verwenden. Wichtig ist, dass Sie beim Geradeausschauen die Augen komplett nach rechts bzw. links drehen müssen (ohne den Kopf zu bewegen), um die Punkte sehen zu können.
- Wie bei der Power-Augenübung sollte die Frequenz, in der Sie nun nach rechts und links sehen, schneller als eine Sekunde sein. Wiederholen Sie dies ca. 20 Mal.
- Während Sie diesen zweiten Schritt der Übung durchführen, denken Sie ganz intensiv an den IST-Zustand, den Sie loslassen wollen. Stellen Sie sich die Situation und den Zustand ganz genau vor und sagen Sie sich immer wieder während der Übung vor: »Ich lass den Zustand los!«

Diese Übung ist eine wirkungsvolle, messtechnisch überprüfte Methode, einen IST-Zustand leichter loslassen zu können. Das geht so weit, dass Sie viele Probleme mit Ihrem IST-Zustand sogar desensibilisieren. Sie werden vielleicht gemerkt haben, dass der zweite Schritt große Ähnlichkeit mit Methoden aus dem EMDR hat. Verwenden Sie die Übung auf jeden Fall ausschließlich dazu, aktuelle IST-Zustände loszulassen. Dafür wurde sie konzipiert und ausgemessen mit Hilfe von Biofeedback-Messgeräten.

GLÜCK

Im Jahr 2007 setzten wir uns anlässlich einiger Anfragen näher mit dem Thema Glück auseinander. Was uns daran natürlich am meisten interessierte, war, herauszufinden bzw. teilweise zu verifizieren, was positive Emotionen eigentlich kennzeichnet, an welche Bedingungen sie geknüpft sind und wie sich der individuelle Glückspegel eines Menschen steigern lässt, denn wir wissen, dass eine positive emotionale Einstellung ein wichtiger Faktor für das persönliche Wohlbefinden, aber auch für Erfolg ist.

Man sollte auch erwähnen, dass die Psyche und ihr Zustand direkt mit dem Immunsystem zusammenhängen. Menschen mit einem hohen Glückspegel sind körperlich viel widerstandsfähiger, werden schneller wieder gesund, regenerieren sich besser und leben nachweislich länger. Wer also auf lange Sicht gesund bleiben möchte und ein längeres Leben anstrebt, tut gut daran, das eigene Wohlbefinden zu fördern. Das hilft natürlich auch in Krisenzeiten sehr viel. Wie bei den meisten Themen, die wir hier vorgestellt haben, ist es auch beim Glück so, dass man alle Mythen und Widersprüche einfach ablegen kann. Glück lässt sich trainieren!

Anders, als man früher dachte, entstehen im Gehirn eines erwachsenen Menschen ständig neue Gehirnzellen. Spezielle Übungen ermöglichen es uns zu bestimmen, wie wir bestimmte Situationen erleben wollen. Dieses Training verändert das Gehirn in einer positiven Art und Weise.

Jeder aufmerksame Beobachter wird wissen, dass es offenbar manchen Menschen leichter fällt, glücklich zu sein, als anderen. Das liegt oft vor allem daran, dass sie negative Gefühle besser kontrollieren können. Auffällig bei Untersuchungen in diese Richtung war, dass Menschen, die diese Fähigkeit hatten, ein stärkeres Gehirnpotenzial in der linken Gehirnhälfte (also im linken Frontallappenbereich) aufwiesen. Eigentlich ist das auch logisch, wenn man die Eigenschaften der rechten und linken Gehirnhälfte näher betrachtet (siehe Kapitel über Gehirndominanzen). Erstmals fiel uns das 1991 in einer Studie über Spitzensportler und Manager auf: Positive Gefühle stärken die linke Hemisphäre, negative Gefühle wiederum die rechte Hälfte. Das resultiert letzten Endes darin, dass »rechtshirnige« Menschen, also Personen, die im rechten Frontallappen ein signifikant höheres Potenzial als im linken Lappen aufweisen, viel stärker negativ auf unangenehme Ereignisse reagieren. Dies äußert sich in Form von pessimistischen, skeptischen und unglücklichen Reaktionen. Linkshirnige Menschen hingegen sind oft wahre Frohnaturen. Sie weisen in vielen Fällen mehr Selbstvertrauen auf und sehen das Leben generell eher von der heiteren Seite.

Da die Gehirndominanz angeboren ist, kann man also sagen, dass das Maß an Glück in unserem Leben bzw. unser Glücksempfinden auch angeboren ist. Wie wir aber auch wissen, lässt sich die Gehirndominanz eines Menschen positiv verändern. Das bedeutet, dass die Fähigkeit, Glück zu empfinden und öfter glücklich zu sein, trainierbar ist.

Glückliche Menschen sind meistens auch extravertiert. Das heißt, sie sind kontaktfreudiger, gesprächiger und unternehmungslustiger. All das sind Chancen, um Glück »empfangen« zu können. Stark rechtshirnige Personen tendieren oft zur Introversion. Das steht im starken Kontrast zur Extraversion ihrer linkshirnigen Gegenstücke.

Grundsätzlich sind in unserem Gehirn einfache Schaltungen für Lust, Freude und Euphorie schon von Natur aus ein fixer Bestandteil. Die Existenz dieser Areale gibt uns die Möglichkeit, Glück zu trainieren. Am einfachsten geht das mit Hilfe eines

Biofeedback-Trainings, da hierbei die Reaktionen dieser Zentren sofort in Form von Zahlen, Bildern und Tönen zurückgemeldet werden. Die simpelste Methode, Glück zu trainieren, besteht natürlich darin, das Potential der linken Gehirnhälfte anzuheben. Auch das MindMorphing-Verfahren hat in diesem Bereich eine sehr hohe Erfolgsquote gezeigt. Dabei werden mit Hilfe von Audio-CDs bestimmte Frequenzen und positive Affirmationen in das Gehirn geschleust. Diese manifestieren sich sehr schnell und eine Verbesserung wird schnell sichtbar. Das MindMorphing-Verfahren wird jedoch ausschließlich in unseren Einzeltrainings und Seminaren angewandt, da es eine genaue Bestimmung von Gehirndominanz, Nerventyp und einer Analyse der Programme des Probanden bedarf.

Neurologisch gesehen ist Glück also nichts anderes als elektrische Impulse und Aufladungen in bestimmten Bereichen unseres Gehirns. Die Bereiche des Gehirns, die hierfür zuständig sind, nennt man den Orbitalen Kortex, den Anterioren Cingulären Kortex und die Amygdala (dabei ist die linke Amygdala für positive Gefühle zuständig). Außerdem spielen noch die Lust- und Belohnungsareale (Nucleus Accumbens), der Hypothalamus und das limbische System eine wichtige Rolle bei den Prozessen, die Glück erzeugen.

Sie merken sicher, dass einige Gehirnareale, die hier genannt wurden, schon früher in diesem Buch ihren Auftritt hatten, und genau das ist der Punkt, an dem wir ansetzen wollen.

Das Mentaltraining der Sieger, das Übungs- und Trainingsprogramm, das wir Ihnen in diesem Buch vermittelt haben, kann hier einen soliden Grundstein darstellen. Stressreduktion und Leistungssteigerung sind im Prinzip der Anfang und das Hauptaugenmerk des Trainings, aber in weiterer Folge soll Ihnen Ihr persönliches Übungsprogramm auch eine bessere Lebensqualität bescheren. Stress ist oft der Grund, warum man unglücklich ist. Der Körper ist so sehr damit beschäftigt, dass kein Platz mehr für Glück bleibt. Abgesehen davon blockiert Dauerstress, wie wir wissen, teilweise sogar das Gehirn, was wiederum bedeutet, dass Glück gar nicht erst produziert werden kann. Ihr erster Schritt sollte sein, mit Hilfe des Trainings Ihren Stresslevel auf ein Minimum zu reduzieren und neue Kraft zu schöpfen. Das bewerkstelligt vor allem das Power-Training im zweiten Schritt des Trainingsprogramms. Außerdem sollten Sie genau analysieren, wo mögliche Gründe für die Tatsache liegen, dass Sie vielleicht nicht so glücklich sind, wie Sie es sein sollten. Sehen Sie sich vor allem Ihren Gehirndominanztest genau an. Wenn Sie eine starke Tendenz in Richtung der rechten Gehirnhälfte (Kreativität, Emotionalität, Gefühle) aufweisen, kann Ihnen die Gehirndominanzatmung dabei helfen, einen optimalen Nährboden für Ihr persönliches Glück zu schaffen.

Ein Glücksgefühl ist in den meisten Fällen steigerbar!

Die Wirkung von elektrischen Geräten auf den Menschen

Es gibt viele Debatten, Statistiken und Meinungen zum Thema Elektrosmog und Wirkung von elektromagnetischen Feldern auf den Menschen. Bekannt ist jedenfalls, dass eine hohe Belastung durch diese Störfelder die Produktion des Hormons Melatonin reduziert. Dieses Hormon benötigt der menschliche Organismus zum Schlafen. Es hat sich gezeigt, dass manche Menschen auf diese Einflüsse stärker reagieren als andere. In vielen Fällen hat man gemerkt, dass Betroffene neben Geräten mit starker elektromagnetischer Strahlung schlechter schlafen. Je nach Sensibilität einer Person können diese Felder müde, nervös und unkonzentriert machen. Wir haben dabei gemerkt, dass so etwas wie eine Antennenwirkung entsteht. Der Mensch »empfängt« diese Strahlung.

Wir empfehlen bei Schlafproblemen oder anderen der oben genannten Symptome, den Schlafplatz bzw. den Arbeitsplatz nach etwaigen technischen Geräten abzusuchen. Oft sind es selbst unscheinbare Geräte wie ein Radiowecker, die einen schlecht schlafen lassen. Vor allem in Kinderzimmern empfehlen wir, stark strahlende Geräte etwa 1 bis 2 Meter vom Schlafplatz aufzubewahren.

LERNEN

Immer wieder werden wir in unseren Seminaren, aber auch via E-Mail nach dem Thema Lernen gefragt. Wir waren sehr überrascht darüber, dass die Anwender dabei nur zu einem vergleichsweise geringen Anteil aus Schülern und Studenten bestanden. Tatsächlich spielt die Thematik bei weit mehr Menschen eine Rolle, als wir anfangs vermutet hatten. Vom einfachen Vokabellernen über das bessere Verständnis und Lernen von wissenschaftlichen Inhalten bis hin zum schnelleren und sicheren Erlernen von Rollentexten, wie sie Schauspieler verwenden, war allein in den letzten fünf Jahren so gut wie alles vertreten. Wir entschlossen uns also dazu, die Frage des Lernens im Zuge dieses Buches zu behandeln, wie wir es oft auch in Seminaren handhaben.

Der Mensch lernt immer und überall! In jedem Moment unseres Lebens sammeln wir – bewusst und unbewusst – Informationen und speichern diese ab. Einige dieser Informationen sind uns später bewusst zugänglich. Haben Sie zum Beispiel beim Spazierengehen ein neues Restaurant entdeckt, merken Sie sich das, um es bei der nächsten Gelegenheit testen zu können. Sie haben wieder etwas gelernt. Auch wenn dieses Beispiel sehr simpel erscheinen mag, so unterscheidet sich im Großen und Ganzen diese Form des »Lernens« nicht besonders vom Auswendiglernen eines Gedichtes. Der einzige Unterschied ist im Gehirn zu finden.

Das wohl größte Hindernis beim Lernen ist der Mensch selbst. Unser Kurzzeitgedächtnis verfügt ja bekanntlich über eine nur sehr geringe Kapazität, was die Anzahl der zu merkenden Elemente angeht, aber auch was die Zeit betrifft, in der diese erhalten bleiben sollen. Sinnvolles und produktives Lernen ist also nur dann möglich, wenn wir einen Schritt weitergehen, und wie in einer großen Manufaktur ist es auch beim

Gehirn so, dass es besser und schneller arbeitet, je sinnvoller die Aufgaben aufgeteilt werden. Konkret bedeutet das, dass man mit Hilfe einigen Vorwissens und ein paar simpler Tricks das Gehirn dazu bringen kann, mehr Leistung für einen Lernprozess zu verwenden, als wir es normalerweise gewohnt sind. Zunächst gibt es drei wichtige Punkte, die man vorab beim Lernen beachten sollte:
Am leichtesten lernen wir Informationen, die

- einen Sinn ergeben,
- visualisiert werden können,
- beim Lernen laut ausgesprochen werden.

Im Fall von Lerninhalten, die Sinn ergeben, ist das Problem sowieso schon zu einem großen Teil gelöst. Alles das, was das Gehirn einordnen kann, das wird auch eingeordnet. Lerninhalte, die für uns persönlich nützlich erscheinen, werden in der Regel besser verarbeitet als beispielsweise das Auswendiglernen von sinnlosen Silben.

Beim zweiten und dritten Punkt kann man aber zum Teil auch aktiv mithelfen. Wenn man sich Lernstoff laut vorsagt, stimuliert man beim Lernen zusätzlich zu allen daran beteiligten Modulen des Gehirns noch besonders stark das Sprach- und Hörzentrum. Was sich dabei im Gehirn abspielt, ist ganz einfach zu erklären: mehr Energie! Wenn ich viel Leistung von meinem Gehirn verlange, steigert sich automatisch in allen aktiven Regionen das Potenzial, das man dafür benötigt.

Das Visualisieren funktioniert sehr ähnlich. Wenn ich beim Lernen den visuellen Cortex des Gehirns stimuliere, kann ich mit dessen Potenzial beim Lernprozess rechnen. Da unser Bewusstsein außerdem vorrangig mit Symbolen und Gefühlen arbeitet, ist dieses Verfahren besonders zu empfehlen. Oft hilft es zum Beispiel, in einem Vokabelheft neben der Übersetzung des

Wortes »Apfel« auch noch einen kleinen Apfel aufzuzeichnen. Gezeichnete Elemente, das sollte man erwähnen, wirken dabei stets intensiver und stärker als Fotos, da Zeichnungen sich immer auf das Wesentliche reduzieren und dieses von unserem Bewusstsein besser erfassbar ist.

Wiederholen und Sichern von Lernstoffen

Jedem wird die Vergessenskurve des Psychologen Herrmann Ebbinghaus ein Begriff sein. Diese veranschaulicht, wie schnell man Erlerntes wieder vergisst bzw. wie viel vom Lernstoff man nach einer bestimmten Zeitperiode behalten hat. Tatsächlich ist unsere Vergessensrate in vielen Fällen sogar noch unglaublicher, als man vermuten würde, und so muss ein Lernstoff, den man über längere Zeit behalten möchte, auch ausreichend gut gesichert werden. Das erfordert viele Wiederholungen und erneutes Auseinandersetzen mit Lerninhalten. Heute wissen wir durch unsere Forschungen und die Praxis im Lerntraining mit Kindern und Jugendlichen, dass der durchschnittliche Mensch einen lernbereiten Zustand – also einen Zustand, in dem der Stoff im Gehirn auch gut abgespeichert werden kann – ca. 30–45 Minuten aufrechterhalten kann. In der Zeit kann ein Potenzialanstieg in den präfrontalen Lappen festgestellt werden – das ist jener Bereich, der für das Verarbeiten von bewussten Handlungen und für bewusste Entscheidungen zuständig ist. Der Schlüssel zum Lernerfolg liegt nämlich keineswegs in einem hohen Gehirnpotenzial, sondern vielmehr in einer großen Potenzialamplitude. Das bedeutet also, dass die optimale Lernleistung dann erbracht werden kann, wenn das Gehirn von einem energiearmen in einen energiereichen Zustand wechselt, und das geschieht je nach Energiestatus des Gehirns im Normalfall über 30–45 Minuten.

Hat das Gehirn schließlich sein »Energielimit« erreicht, ist vom Weiterlernen abzuraten. Auch wenn ein hoch aufgeladenes Gehirn auf den ersten Blick verlockend klingen mag, so entsteht eigentlich in diesem Zustand nur noch das, was gemeinhin als Überlernen bekannt ist. Das Gehirn produziert eine Gedächtnishemmung, um zu signalisieren, dass es nun Ruhe braucht, um die geleistete Arbeit ausreichend gut abspeichern zu können bzw. um neue Kraft zu sammeln. Vor allem fleißige Schüler und Studenten neigen leider oft dazu, sich zu überlernen. Tatsächlich zieht das aber nur Frustration mit sich, da nach Ablaufen des sogenannten lernbereiten Zustands nur noch wenig geistige Leistung zu erwarten ist. Sinnvoller wäre nun folgendes System:

In den letzten Jahren unserer Forschung haben wir einen ganz besonderen Trend im Gehirn bemerkt. Es läuft gerade beim Lernen nach einem ganz spezifischen Rhythmus. Wenn man nur in den Phasen lernt, in denen man sich in einem lernbereiten Zustand befindet (also 30–45 Minuten lang), so bleiben die Zeiten, die das Gehirn zur Verarbeitung und Erholung braucht, auch immer gleich. Diese Erholungsphasen bedeuten für den Lernenden eine Pause, in der er sich auf keinen Fall mit Lerninhalten befassen sollte. Am besten steht man vom Arbeitsplatz auf und geht zum Beispiel in die Küche. In einer Schule wäre es empfehlenswert, vom Platz aufzustehen und eine Runde im Klassenzimmer zu drehen oder auf den Gang hinauszugehen. Nach Ende dieser Pause, die auch nicht länger als angegeben hinausgezögert werden sollte, befindet sich das Gehirn wieder in einem Zustand, in dem es ein sehr niedriges Potenzial aufweist. Das heißt, es ist bereit für eine weitere Runde und kann wieder 30–45 Minuten dazu verwendet werden, optimal zu lernen. Da unser Gehirn auf Dauer durch große Mengen Lernstoff sehr erschöpft wird, müssen auch die Pausen immer länger werden, die es braucht, um wieder in einen lernbereiten Zustand wechseln zu können. Dabei hat sich herausgestellt, dass die Pauseneinheiten jedes Mal doppelt so lang werden wie beim vorigen Durchgang der Lerninhalte. Einen optimalen Lernplan kann man sich daher so vorstellen:

- Lerneinheit (30–45 Minuten in einem lernbereiten Zustand)
- Pause (5 Minuten)
- Lerneinheit (30–45 Minuten in einem lernbereiten Zustand)
- Pause (10 Minuten)
- Lerneinheit (30–45 Minuten in einem lernbereiten Zustand)
- Pause (20 Minuten)
- Lerneinheit (30–45 Minuten in einem lernbereiten Zustand)
- Pause (40 Minuten)

usw.

Abb. 18: Der optimale Lernplan

Mit Hilfe dieses Lernplans konnten wir bei unseren Forschungen und Untersuchungen eine im Durchschnitt um 27 % verbesserte Lernleistung feststellen! Das bedeutet, das Gehirn arbeitet mit einer Leistung von 127 %.

Vor jedem Lernvorgang sollten Sie sich auf jeden Fall des extremen Vorteils bedienen, den die Übungen des Mentaltrainings der Sieger mit sich bringen. Vor jeder Lernphase sollte sichergestellt werden, dass sich die entsprechende Person in einem gut entspannten, hoch energetischen Zustand befindet. Wenn Sie größere Mengen lernen und dazu den oben aufgeführten Lernplan verwenden wollen (was wir dringend empfehlen, um die maximale Lernleistung zu erzielen), bietet es sich an, in den Pausen Entspannungsübungen zu machen. Wenn Sie das Entladungstraining gut beherrschen, ist dieses ebenso eine hilfreiche Option. Kurz vor jeder neuen Lernphase sollten Sie dann Ihr Gehirn mit Hilfe der Power-Übungen energetisch aufladen. Achten Sie darauf, eine ordentliche Haltung beim Lernen und in der Vorbereitungsphase beizubehalten. Das gewährleistet einen besseren Energiefluss und längere Konzentrationsphasen.

3-Test

Bei 3-Test handelt es sich um eine moderne, neue Internetplattform, die es Anwendern ermöglicht, schnell, präzise und intuitiv mit Hilfe von jahrelang erprobten Tests (von denen Sie einige ja bereits in diesem Buch gesehen haben) wichtige Persönlichkeitsfaktoren zu ermitteln. Neben vielen Standardtests wie Gehirndominanz- und Nerventyptests finden Sie auch sehr spezielle und erweiterte Tests. Wenn Sie Gefallen an den Tests und Übungen in diesem Buch gefunden haben, laden wir sie dazu ein, unsere Website zu besuchen, um mehr über sich zu erfahren. Die Verwendung erfolgt selbstverständlich anonym und kostenlos.

Besuchen Sie uns auf: www.3-test.com

Gratis Zusatzinhalte für Leser

Durch den Kauf dieses Buches haben Sie auch Zugriff auf einen besonderen Service des Instituts für Leistungsmanagement erworben. Nachfolgend finden Sie einen achtstelligen Code, der Ihnen den Zugang zu exklusiven Bereichen unserer Website ermöglicht. Dort finden Sie kostenlose Zusatzmaterialien zu diesem Buch und den damit verbundenen Themen. Die Inhalte dieser Sonderseite der ILM-Website werden regelmäßig aktualisiert und erweitert. Es lohnt sich also, öfter vorbeizuschauen.

Ihr exklusiver Zugangscode lautet: KL3BU49M

So können Sie auf die Inhalte zugreifen:

1. Besuchen Sie unsere Website: www.leistungsmanagement.at
2. Klicken Sie links oben im Bild auf die Schaltfläche »Kundennummer anfordern«.
3. Füllen Sie die Pflichtfelder aus und klicken Sie anschließend auf »weiter«.
4. Sie erhalten nun Ihre Community-Zugangsdaten. Loggen Sie sich ein, indem Sie die Daten, die Sie erhalten haben, links oben in die jeweiligen Felder eintragen und anschließend auf »login« klicken.
5. Sobald Sie eingeloggt sind, wählen Sie links oben neben dem nun erschienenen »logout«-Button die Funktion »Kundendaten bearbeiten« aus.
6. Sie befinden sich nun in einem neuen Menü. Hier geben Sie ganz rechts im Bild im Kasten mit der Beschriftung »Communitycode« Ihren Zugangscode (KL3BU49M) ein.
7. Sie haben nun die exklusiven Inhalte freigeschaltet.

Das Mentaltraining der Sieger – Übungsbogen

Meine gemeisterten Übungen

Hypox-Atemtest	
Progressive Muskelentspannung	
1:4 -Atmung	
Fingerpulsfühlen	
3 Min. flaches Atmen mit verlängerter Ausatmung	
Verlängerte Atempause	
Runenübungen	
Entladungsatmung	
Stoßatmung /Konzentrationsatmung	
Power-Augenübung	
PcE-Training	
Schilddrüsenübung	

Meine Hypox-Leistung

Zeit ohne Luft (unter Übungsbedingungen):

	Test 1 (Tag, Monat, Jahr)	Test 2 (…, …, …)	Test 3 (…, …, …)
Zeit	40 sek (Muster)		

	Test 4 (…, …, …)	Test 5 (…, …, …)	Test 6 (…, …, …)
Zeit			

	Test 7 (…, …, …)	Test 8 (…, …, …)	Test 9 (…, …, …)
Zeit			

	Test 10 (…, …, …)	Test 11 (…, …, …)	Test 12 (…, …, …)
Zeit (sek)			

	Test 13 (…, …, …)	Test 14 (…, …, …)	Test 15 (…, …, …)
Zeit (sek)			

Häufig gestellte Fragen

Ich habe das Buch gelesen. Kann ich nun jede Übung einzeln machen oder muss ich eine gewisse Reihenfolge beachten?
Grundsätzlich handelt es sich beim Mentaltraining der Sieger um ein Trainingsprogramm der Psychonetik-Methode. Es ist vorgesehen, dass die Übungen in dem vorgegebenen Programm durchgeführt werden. Einzelne Trainingsanleitungen entnehmen Sie den jeweiligen Kapiteln. Auf Seite 76 finden Sie zum Beispiel eine genaue Anleitung des Hypox-Atemtrainings. Um die positive Wirkung des Trainings zu gewährleisten, sollten Sie unbedingt den genauen Ablauf der Trainingsprogramme befolgen!

Ich leide an Asthma. Welche Übungen sind für mich besonders geeignet?
Das Hypox-Atemtraining ist eine sehr schöne Methode, Ihren aktuellen Zustand zu verbessern. Ebenso werden Sie sehen, dass Ihnen die allgemeinen Entspannungsübungen in diesem Buch sehr weiterhelfen. Es gilt: Je weniger Stress bzw. je besser Sie lernen, mit dem Stress umzugehen, umso besser bekommen Sie durch Asthma bedingte Probleme in den Griff. Wir raten Ihnen, die Anwendung des Trainings vorher mit Ihrem zuständigen Arzt abzusprechen.

Ich habe Migräne. Worauf soll ich beim Training besonders achten?
Wir empfehlen Ihnen vor allem ein massives Entspannungstraining. Dieses entnehmen Sie dem entsprechenden Kapitel dieses Buches. Alle Entspannungsübungen können Ihnen dabei helfen, prophylaktisch eine Migräne zu vermeiden. Besonders die Schilddrüsenübung legen wir Ihnen ans Herz, wenn Sie un-

ter Migräne leiden. Sprechen Sie die Anwendung dieses Trainings am besten vorher mit Ihrem Arzt ab.

Seit drei Wochen betreibe ich nun das Training und merke, dass ich Fortschritte mache. Wie lange soll ich die Übungen noch machen?

Das Mentaltraining der Sieger ist als aufbauendes und begleitendes Training zu verstehen. In der ersten Phase des Trainings ist es wichtig, den aktuellen IST-Zustand festzustellen und diesen anschließend zu verbessern. Wenn Sie regelmäßig trainieren (am besten einmal täglich), werden Sie rasch starke Verbesserungen feststellen können. Die Wirkung der Übungen entnehmen Sie dem jeweiligen Kapitel dieses Buches. Haben Sie Ihr Trainingsziel erreicht, sollten Sie darauf achten, das neue hohe Niveau zu halten. Das verhält sich hierbei wie bei einem Sporttraining. Etwa drei Mal pro Woche sollten Sie das Übungsprogramm durchführen, um den erlangten Zustand zu halten.

Soll ich bei der Entladungsatmung durch den Mund oder durch die Nase atmen?

Bei den Übungen sollten Sie stets durch die Nase atmen. Vor allem beim Einatmen ist das wichtig. Notfalls kann das Ausatmen über den Mund geschehen. Versuchen Sie sich auf lange Sicht eine Nasenatmung anzugewöhnen.

Wie kann ich das Potenzial meiner Gehirnhälften ausgleichen?

Der Gehirndominanztest in diesem Buch zeigt die aktuelle und permanente Tendenz Ihres Gehirnpotenzials, steht jedoch nicht für einen Echtwert. Dieser kann nur mit Hilfe von Biofeedback-Messgeräten wie einem Potenzial-Messgerät festgestellt werden. Mit Hilfe der Gehirndominanz-Atmung können Sie das Potenzial der rechten bzw. der linken Gehirnhälfte steigern. Die Veränderung kann in vielen Fällen deutlich gespürt werden und zeigt sich auch bei häufigem Überprüfen durch den Gehirndominanztest. Einen Echtwert und damit eine wissenschaftliche Art der Überprüfung erhalten Sie nur durch ein wissenschaftliches, medizinisches Messgerät.

Soll ich einen Arzt aufsuchen, bevor ich mit dem Mentaltraining der Sieger beginne?
Wir empfehlen Ihnen, wie schon zu Beginn dieses Buches erwähnt, ein Durchführen dieser Übungen mit Ihrem Arzt abzusprechen.

Hilft es, wenn ich bei den Übungen eine Pulsuhr verwende, um den Erfolg zu überprüfen?
Wenn Sie die Möglichkeit haben, können Sie gerne Ihren Puls vor, während und nach den Übungen messen. Grundsätzlich erfordert die Anwendung der Übung aber nur sehr wenige Hilfsmittel.

Muss ich die Nase zuhalten beim Atemtest?
Ein Zuhalten der Nase beim Atemtest kann Ihnen dabei helfen, die Übung korrekt durchzuführen. Im weiteren Trainingsverlauf ist dies nicht zwingend notwendig.

Ist es wichtig, die Runenübungen und die Muskelentspannungsübungen vor dem Atemtest durchzuführen?
Die beiden genannten Übungen tragen zur Entspannung und Entstressung Ihres Organismus bei. Wir empfehlen Ihnen, die Übungen regelmäßig durchzuführen. Sie werden auch merken, dass Sie bessere Werte beim Atemtest erzielen, wenn Sie gut entspannt sind.

Schlusswort

Als wir uns an dieses Werk machten, war es uns ein besonderes Anliegen, Klarheit und Verständnis für die Funktionsweise unseres Körpers zu schaffen und vor allem dafür, was wirklich hinter dem großen Mysterium Stress und dem daraus resultierenden Modewort Burnout steht.

Stress und Burnout sind Dinge, die man ganz sicher nicht unterschätzen darf, und in der Regel ist es so, dass die besten Mitarbeiter und die fleißigsten Menschen, jene, die die besten Leistungen erbringen, am meisten gefährdet sind. Wir wollten in diesem Buch nicht nur Fehler und Missstände aufzeigen, sondern vor allem auch leicht zugängliche, allgemeintaugliche Lösungen mit auf den Weg geben. In der Regel führt ein besseres Verständnis unseres Bewusstseins und des Menschen als Organismus schon zu großen Verbesserungen.

Ein weiteres Ziel war es, effektive Atemtechniken zu vermitteln. Unsere Atmung ist ein Tool, das wir immer bei uns haben, und sie stellt eines der besten Kommunikationsmedien mit unserem limbischen System dar. Die Übungen in diesem Buch entstammen dem Mentaltraining im Spitzensport und im Top-Management. Das sind beides Anwendungsbereiche, in denen man sich nur mit hoch effizienten Methoden abgibt und wo schlichtweg keine Zeit für ein langes Training bleibt.

Wir sind uns sicher, dass in diesem Buch wirklich für jeden Menschen etwas dabei ist, um die eigene Lebensqualität oder die Leistung in Beruf, Privatleben und Sport zu verbessern.

WISSENSCHAFTLICHER ANHANG

Die Messtechnik

Bei den sogenannten Ultralangsamen Potenzialen (ULP) handelt es sich um ereignisbezogene Potenzialveränderungen, die mit Hilfe von Elektroden von der Kopfoberfläche des Probanden abgenommen werden. Um eine sinnvolle Messung zu gewährleisten, werden bei diesem Prozess EEG, HGW, EKG, EMG, Hautpotenziale und elektromagnetische Störfelder (z. B. 50 Hz) ausgefiltert. Die Messung erfolgt in einem spezifischen Frequenzfenster, da diese Ultralangsamen Potenziale (wie der Name schon verrät) sehr langsame Frequenzen aufweisen.

Die einzelnen Neuronen des Gehirns produzieren bei jeglicher Gehirnaktivität kleine elektrische Ströme und verhalten sich dabei wie kleine Batterien oder, besser gesagt, wie Akkus. Zwischen dem Zellinneren und seiner Umgebung besteht ein messbarer Spannungsunterschied von etwa 1/10 Volt. Das Innere der Zelle ist dabei stärker negativ geladen. Das bedeutet, dass ein Elektronenüberschuss in der Zelle vorherrscht. Folglich entstehen elektrische Impulse, wenn die Zelle anfängt zu arbeiten.

Die Neurologie kennt mehrere Arten von Potenzialmessung. Die bekanntesten sind die somatosensorische evozierte Potenzialmessung (SEP) und die Hirnstammpotenziale (EHP). Den Aufbau betreffend sind diese Verfahren sehr kompliziert und werden daher hauptsächlich in der medizinischen Untersuchung eingesetzt.

Das ULP-Messverfahren zeichnet sich vor allem durch seine Einfachheit und flexible Anwendungsmöglichkeit aus.

Ultralangsame Potenziale / das psychogene Feld

Lange Zeit gingen Medizin und andere Wissenschaften davon aus, dass die physiologischen Größen des Gehirns erblich bedingt seien. Dazu gehören das Gewicht, die Anzahl der Gehirnzellen (vor allem die Gliazellen), die Dicke des Neokortex (des Großhirns) und die Menge der Dendriten wie auch der Synapsen.

Später ergaben viele Forschungen, dass bei gezielter Stimulation und bei Training das Gehirn die Möglichkeit hat, nicht nur geistig, sondern auch materiell zu wachsen. Die Folge dieser tatsächlichen Zunahme des Gehirns ist eine Steigerung seiner Funktionen. Darunter zählen zum Beispiel: Intelligenz, Gedächtnisleistung, Lernfähigkeit, Kreativität, Reaktionsgeschwindigkeit, Stressmanagement oder eine Stärkung des Immunsystems.

Aus der Neurologie wissen wir, dass im Hirn messtechnisch überprüfbar Spannungsunterschiede bzw. Potenziale auftreten. Diese können einerseits von der Kopfoberfläche abgenommen und gemessen werden, aber auch mit Hilfe von Gehirnsonden. Zwischen Punkten mit einem hohen Spannungsunterschied besteht ein stärkeres elektrisches Feld als zwischen solchen mit niederen Unterschieden. Die Ausprägung dieses Hirnfeldes beeinflusst die lokale Gehirngewebsumgebung. Die meiste Zeit ist die Struktur dieses Feldes recht konstant. Es ist jedoch je nach Situation häufigen Änderungen unterworfen.

1983 schon lag für Gerhard H. Eggetsberger und sein Forschungsteam der Schluss nahe, dass diese Schwankungen des Feldes, ja das Ganzfeld selbst als Indikator für alle Vorgänge im gesamten Organismus betrachtet werden kann. Diese Veränderungen beeinflussen Gesundheit, Krankheit und emotionale wie auch psychische Prozesse sehr stark. Den Gleichspannungsanteil des elektrischen Hirnfeldes bezeichnete Eggetsberger 1983 als »psychogenes Hirnfeld« und die einzelnen Punkte dieses Feldes als Ultralangsame Potenziale (ULP). Es handelt sich dabei um ein pulsierendes Feld, welches ständigen Schwankungen in seiner Intensität und Form unterliegt. Es beeinflusst sowohl Schalt- als auch Speichervorgänge im Gehirn, andererseits erregt jede Aktivität in den und um die Zellen wiederum das Hirnfeld. Je stärker die Aktivität in den Zellen ist, desto stärker wird das Feld an dieser Stelle. Man sollte bemerken, dass sowohl ein zu starkes als auch ein zu schwaches Hirnfeld negative Auswirkungen haben kann. Das Verhalten des psychogenen Feldes ist einerseits genetisch, andererseits erzieherisch bedingt.

Biofeedback

Biofeedback bedeutet »Rückmeldung von biologischen Werten« und stammt aus der von Norbert Wiener begründeten Wissenschaft der Kybernetik. Diese Wissenschaft befasst sich mit der Steuerung, Kontrolle und Kommunikation in Organismen und Maschinen.
Der Ausdruck Biofeedback selbst entstand nach einigen wissenschaftlichen Entdeckungen, die bewiesen, dass Menschen wie auch Tiere die Fähigkeit aufweisen, verschiedene körperliche und geistige Funktionen bewusst zu verändern. Dabei war die wohl interessanteste Entdeckung die, dass das bis dahin als autonom geltende Nervensystem ebenfalls auf diese Weise beeinflussbar ist. Der Anfang dieser Wissenschaft geht mindestens auf das Jahr 1969 zurück. Die Bezeichnung Biofeed-

back wurde erstmals von Wissenschaftlern bei einem Treffen in Santa Monica, Kalifornien, USA verwendet. Die Grundidee des Biofeedback ist die messtechnische Rückmeldung von Körpersignalen an den Trainierenden. Dieser ist in weiterer Folge in der Lage, auf der Basis der Überprüfung Methoden zu finden, um die Werte und somit die Körpersignale selbst zu beeinflussen.

Interactive-Brain-Feedback

Das Interactive-Brain-Feedback-Training (kurz IBF-Training) ist ein Trainingsverfahren auf Basis des klassischen Biofeedback-Trainings. Wesentlicher Unterschied bei diesem Training, das von G. H. Eggetsberger und seinem Forschungsteam entwickelt wurde, im Gegensatz zum herkömmlichen Biofeedback ist der Fokus auf das Potenzialfeedback. Die Messung und willentliche Beeinflussung des psychogenen Hirnfeldes ermöglicht nach unserer Erfahrung in vielen Anwendungsbereichen schnellere und bessere Erfolge als das herkömmliche Biofeedback-Training, bei dem man sich über die Arbeitsweise des Gehirns im Unklaren ist. Das IBF-Training wird hauptsächlich in Form von Seminaren und Einzeltrainings vermittelt und angewandt.

Psychonetik

Dieser Begriff steht für die Sammlung der Trainingstechniken und Methoden des Instituts für Leistungsmanagement auf Basis der Forschungen und Praxis von Eggetsberger und seinem Team. Alle in diesem Buch vorgestellten Übungen, Verfahren und Techniken sind Teil des Psychonetik-Programms.

Das menschliche Gehirn

Das menschliche Gehirn ist ein vielschichtiges, hoch empfindliches Organ mit einem mittleren Gewicht von 1245 g bei Frauen bzw. 1375 g bei Männern. Zusammen mit dem Rückenmark bildet es unser Zentralnervensystem. Unser Gehirn besteht aus einzelnen Gehirnzellen, den Neuronen. Diese sind untereinander vernetzt. Die beachtliche Leistung dieser Neuronen besteht darin, dass jede einzelne dieser Hirnzellen mit 10.000 anderen Neuronen in Verbindung stehen kann.
Die Neuronen unseres Gehirns steuern jede noch so kleine Funktion im Körper, ohne dabei den logischen Verstand, also unser Bewusstsein, mit Einzelheiten zu behelligen. Grundsätzlich kann ein Neuron auf zwei Arten Informationen weitergeben: auf elektrische oder chemische Weise.
Es ist also keineswegs übertrieben, das menschliche Gehirn als Hochleistungs-Bio-Computer zu bezeichnen!
Auf den ersten Blick erscheint das Gehirn wie eine einzige große Einheit. Genauer betrachtet, verhält es sich hier aber genau so wie bei einem richtigen Computer. Es besteht aus vielen kleinen Gehirnen. Wo wir bei einem Computer ein Mainboard und eine Grafikkarte haben, finden wir im Gehirn Module wie das Stammhirn oder den Neokortex.
Ehrlich gesagt, ist es nicht ganz einfach, im Gehirn irgendwo eine Linie zu ziehen und dort ein Modul vom anderen abzugrenzen. Die Unterteilungen sind oft fließend, aber dennoch lässt sich das menschliche Gehirn der Einfachheit halber in folgende wichtige Bausteine unterteilen: Stammhirn, limbisches System, rechte & linke Gehirnhälfte (die zusammen als Neokortex bekannt sind).

Das Stammhirn

Auch Reptilienhirn genannt, ist das Stammhirn der evolutionär gesehen älteste Teil des menschlichen Gehirns. Der Name Reptiliengehirn ist dabei nicht willkürlich gewählt, denn genau wie bei einem Reptil konzentriert sich dieses Hirnmodul ausschließlich auf das Überleben. Das Stammhirn setzt sich aus den tiefsten Teilen des Gehirns zusammen. Das sind Rauten-, Mittel- und Zwischenhirn sowie die Basalganglien des Endhirns. Die Zell- und Fasersysteme, die man hier findet, sind die Steuerungszentren für Atmung und Blutkreislauf. Von hier aus kann die Aufmerksamkeit eines Menschen an- und ausgeschalten werden bzw. der Schlaf-Wach-Rhythmus gesteuert werden. Außerdem beherbergt das Stammhirn die Zentren für automatisch ablaufende Vorgänge wie Herzschlag, Atmung oder Stoffwechsel. Auch verschiedene Reflexe wie Speichelfluss, Schlucken, Tränensekretion, Niesen, Husten, Lidschluss oder Erbrechen werden von hier aus kontrolliert und gesteuert. Abschließend sollte man erwähnen, dass die meisten Aktivitäten des Stammhirns durch das limbische System beeinflusst werden.

Das limbische Gehirn

Evolutionär deutlich jünger als das Stammhirn ist das limbische System. Es besteht aus Amygdala (Mandelkerne), Hippocampus, Mammilarkörper des Hypothalamus, Septum, Fornix, Gyrus cinguli (cingulärer Kortex) und Bulbus olfactorius. Bei diesem Modul handelt es sich um ein »Gehirn im Gehirn«, denn es ist ein weitgehend autonomes System. Bei Säugetieren, aber vor allem beim Menschen hat sich das limbische System zu einem weit ausgedehnten Netzwerk von »Schaltkreisen« entwickelt. Es hat einen umfassenden Einfluss auf alle emotionalen Bewertungen und Sinneserfahrungen.

Das limbische System ist darüber hinaus für unsere persönliche Biografie, die Lebenserfahrung und Lernprozesse zuständig. Ein spezieller Bereich des limbischen Systems, der mediobasale Schläfenlappen mit dem Hippocampus und der benachbarten Amygdala, bestimmt direkt das Stress- und Angsterleben[13]. Vor allem die Amygdalakerne sind von zentraler Bedeutung bei der Entstehung von Furcht und Angst.

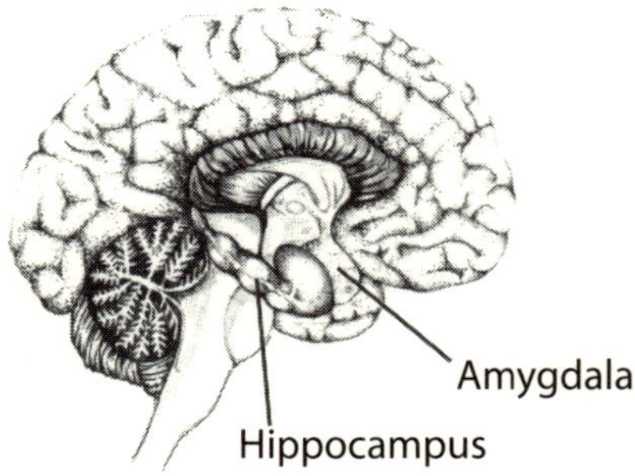

Abb. 19: Der Sitz von Amygdala und Hippocampus

Die Amygdala reagiert schon auf feinste Gefahrenreize, bevor eine bewusste Verarbeitung über die Großhirnrinde erfolgt bzw. der Neokortex überhaupt weiß, was los ist. Die Alarmierung über den direkten Weg des Mandelkerns erfolgt zwar schnell, aber teilweise auch sehr ungenau und fehlerhaft. Beim Speichern von Erfahrungen arbeiten die Amygdala und der Hippocampus eng zusammen. Ein von Angst geprägtes Erlebnis (z. B. die Angst vor einer Prüfung in der Schule, ein Autounfall, ein Raubüberfall, eine Vergewaltigung etc.) wird auf eine Art abgespeichert, dass im Hippocampus die realen Begebenheiten, also die tatsächlichen Fakten, festgehalten werden. Gleichzei-

13 Die Bedeutung des limbischen Systems für die Angstentstehung konnte durch neuere Untersuchungsmethoden wie die Positronenemissions-Tomografie bestätigt werden (z. B. verstärkte Durchblutung im Temporallappenbereich bei gesunden Personen in Erwartung eines schmerzvollen Elektroschocks).

tig werden in der Amygdala die emotionalen Begleitreaktionen abgelegt. Die Amygdala, das Furchtgedächtnis des Gehirns, arbeitet nach den Prinzipien der klassischen Konditionierung. Sobald sie ein relevantes sensorisches Muster erahnt, reagiert sie sofort mit einer Alarm-Aktivierung des Körpers. Dabei erfordert es keinerlei Bestätigung durch den logischen Verstand. Die Amygdala arbeitet, wie gesagt, unabhängig. Die erzeugte Reaktionsbereitschaft bleibt oft lange Zeit hindurch nach Auftreten des auslösenden Reizes erhalten. Es handelt sich hierbei um ein biologisch vorgegebenes Programm, das jeder Mensch besitzt.

Der Mandelkern ist in der Lage, sowohl Erinnerungen aufzubewahren als auch Reaktionsmuster auszulösen, ohne dass wir davon wissen. In der Praxis bedeutet das, dass wir auf etwas angstvoll reagieren können, ohne dafür den Grund zu kennen. Bemerkenswert ist auch, dass viele Angstreaktionen durch klassische Konditionierung unterhalb der Wahrnehmungsschwelle erworben werden. Bei Menschen mit Angststörungen (besonders mit posttraumatischer Belastungsstörung) wird auf Grund von Informationsspeicherung, die durch klassische Konditionierung erklärt werden kann, mittels bestimmter Sinnesreize (z. B. Bilder, Töne, Geräusche, Gerüche, Berührungen, Körperempfindungen usw.) eine massive körperliche Aktivierung ausgelöst, die in der entsprechenden Situation verhängnisvoll sein kann. Entscheidende emotionale Erlebnisse werden bereits von frühester Kindheit an im Mandelkern gespeichert, und das, lange bevor eine verbale Kodierung der Empfindungen möglich ist. Auf diese Weise lässt es sich auch leicht erklären, wie frühe Lebenserfahrungen eine prägende Bedeutung gewinnen können, ohne dass die Betroffenen darum wissen und in der Lage sind, ihre emotionalen Erinnerungen in Worte zu fassen. Erlebnisse, die zu einer besonders starken Amygdala-Aktivität führen, stellen besonders intensive, unauslöschliche Erinnerungen dar. Das gilt sowohl für sehr positive Erlebnisse wie Erfolge, die mit starker positiver Emotionalität verbunden sind, oder starke Liebesgefühle als auch für negative Erlebnisse wie schwere Unfälle, Misshandlungen oder Vergewaltigungen.

Viele Funktionsstörungen des Gehirns werden direkt durch oder über die limbischen Strukturen und ihre Bezugssysteme ausgelöst. Mehr als 20 % der Menschen erkranken heutzutage im Verlauf ihres Lebens an einer neurologischen oder psychischen Erkrankung, bei der strukturelle oder funktionelle Beeinträchtigungen des limbischen Systems oder damit in Zusammenhang stehender Hirnbereiche nachgewiesen werden. Hierzu gehören die sogenannten Neurosen wie Angst- oder Zwangskrankheiten, Suchterkrankungen (Alkohol, Drogen, Spiele, Sex), aber auch Schizophrenie, depressive Syndrome, bestimmte Formen von Epilepsie und Hirnabbauerkrankungen wie die Alzheimer'sche Krankheit. Bei fast allen Formen von Gedächtnisstörungen, von emotionalen Störungen, psychotischen Syndromen mit Realitätsverlust, Wahnideen und Halluzination liegen Störungen in einem oder mehreren Teilbereichen des limbischen Systems vor.

Das limbische System beherbergt aber auch das Belohnungszentrum. Deshalb wird schnell klar, warum Süchte vor allem aus dem limbischen Gehirn heraus gesteuert werden.

Das Großhirn

Der Neokortex besteht aus einer ca. 3 Millimeter dicken Zellschicht und beinhaltet alle dem Bewusstsein zugänglichen Erinnerungen, Ziele, Träume, Vorstellungen, Hoffnungen oder Befürchtungen. Im vordersten Teil des Großhirns befinden sich die Frontallappen. Das sind jene Lappen, die sich die Fähigkeiten teilen, die uns zum denkenden Menschen machen. Gemeint sind die Fähigkeiten zur Impulshemmung, Altruismus[14], Verständnis und alle höheren Fertigkeiten. Kurz gesagt, handelt es sich hier zu einem großen Teil um das, was wir als das Selbst bezeichnen.

Das Großhirn besteht aus zwei Hemisphären mit ganz spezifischen, unterschiedlichen Fähigkeiten und Eigenschaften. Wir bezeichnen die Gehirnhälften hier als »rechte Gehirnhälfte« und »linke Gehirnhälfte«. Dabei ist konkret der rechte bzw. linke frontale Lappen gemeint, denn dort können wir mittels Gehirnpotenzialmessung bewusste Entscheidungen und Reaktionen feststellen. Würden wir hingegen die gesamte rechte oder linke Gehirnhälfte betrachten, würden sich darin viele Module befinden, die für unsere Standardmessung irrelevant sind.

Die linke Gehirnhälfte

Bei Rechtshändern und auch vielen Linkshändern ist die linke Gehirnhälfte eher für rationale, sprachliche, logische und analytische Aufgaben zuständig. Diese Hirnhälfte mit ihrer logischen, strukturierten Art des Denkens hat große Probleme mit der Verarbeitung der limbischen Hirnsignale.

Die rechte Gehirnhälfte

Die rechte Hemisphäre ist für bildhaftes, ganzheitliches und intuitives Arbeiten konzipiert. In der rechten Gehirnhälfte findet man Kreativität, Charisma und Emotionalität. Auch hier gilt, dass man bei Linkshändern vorab kontrollieren muss, ob die rechte Hirnhälfte wirklich am vorgesehenen Platz ist. Die rechte

---

14 Altruismus ist die willentliche Verfolgung der Interessen oder des Wohls anderer Menschen bzw. des Gemeinwohls.

Gehirnhälfte steht stärker mit dem limbischen System in Kontakt als die linke Hälfte. Vor allem die bildhafte Vorstellungskraft ist eine gute Kommunikationsbasis für das limbische System.

Beide Hirnhälften sind durch den sogenannten »Balken« verbunden. Dieser ist in der Regel bei Frauen stärker ausgeprägt als bei Männern und dient zum Informationsaustausch zwischen den beiden Hemisphären. Dadurch wird auch klar, dass Frauen Informationen ganzheitlicher (also mit beiden Gehirnhälften) verarbeiten. Männer verarbeiten lieber mit der bevorzugten Hirnhälfte – also rechts oder links. Dabei gilt zu beachten, dass auch bei Frauen die Hirndominanz stark ausschlaggebend für die Art des Denkens und Handelns ist. Bei Gehirnpotenzialmessungen, wie wir sie bei unseren Seminaren oder Mental Checkups durchführen, wird dies deutlich sichtbar.

Die Bedeutung von Kohlendioxid (CO_2)

Wir atmen, damit Sauerstoff im Blut zum Gewebe gelangt, wo er für die Energiegewinnung unabdingbar ist. Aber nur Sauerstoff, der vom Körpergewebe aufgenommen werden kann, stellt für den Organismus einen Gewinn dar. Damit Sauerstoff überhaupt in die Körperzellen gelangen kann, ist, wie schon in früheren Kapiteln erwähnt, das Kohlendioxid (CO_2) in unserer Atemluft von entscheidender Bedeutung. CO_2 ist keineswegs nur ein Abfallprodukt, das bei der Umsetzung des Sauerstoffs in Energie anfällt. In der Tat spielt es eine wichtige Rolle im Körper, z. B. als Puffer im Säure-Basen-Haushalt[15] und bei der Ent-

15 Atmen regelt den Säuregehalt des Blutes durch die kontrollierte Abgabe von Kohlendioxid.

spannung der glatten Muskulatur. Eine ausreichende Konzentration davon in der Lunge und im Blut ist lebensnotwendig. Der normale CO_2-Wert von 40 mm Hg im Blut (Partialdruck) darf nicht zu weit unterschritten werden.

Die Abgabe des Sauerstoffs vom Blut an das Körpergewebe geschieht leichter, schneller und vollständiger bei einem optimalen Kohlendioxidgehalt (ca. 6,5 %) des Blutes. Es handelt sich hier um den Bohr'schen Effekt[16]. Dieser besagt: Je höher die Konzentration des Kohlendioxids bzw. der Kohlensäure im Blut, also je saurer das zirkulierende Blut ist, desto leichter trennt sich der Sauerstoff vom Hämoglobin.

Wenn sich der optimale Anteil an Kohlendioxid in den Lungenbläschen stärker verändert, findet eine langsame chemische Veränderung in den Lungen statt. Bei übermäßigem Verlust von CO_2 kommt es dann in Folge zur Überreizung des Nervensystems. Das Gedächtnis ist abgeschwächt und die Konzentrationsfähigkeit nimmt rapide ab. In weiterer Folge kommt es zu Muskelkrämpfen und zur Schädigung der Organfunktionen.

Ein zu geringer CO_2-Gehalt (Hypokapnie) schränkt die Fähigkeit der roten Blutkörperchen ein, Sauerstoff an die Zellen abzugeben[17]. Chronischer CO_2-Mangel hat außerdem schädigende Auswirkungen auf nahezu alle körperlichen Vorgänge. Er führt zu einer geringeren Produktion des körpereigenen Cortisons (Kortisol) und schwächt so das Immunsystem. Das allgemeine Erkrankungsrisiko steigt. Auch die bei Asthmatikern regelmäßig zu findende Entzündung der Schleimhäute in den Lungen lässt sich nach Annahme von Wissenschaftlern darauf zurückführen.

---

16 Bohr = dänischer Physiologe Christian Bohr, der diesen Effekt 1904 entdeckte.

17 Dies ist, wie schon gesagt, als Bohr-Effekt bekannt.

Auch bei der Atemsteuerung spielt CO_2 eine wichtige Rolle. Beim gesunden Menschen enthält die Luft in der Lunge etwa 6 % CO_2 gegenüber 0,03 % in der uns umgebenden Atmosphäre. Dieses Niveau ist für unsere Gesundheit notwendig und wird normalerweise durch Regulierung der Atemfrequenz und Atemtiefe aufrechterhalten.

Sinkt der CO_2-Wert unter 3 %, funktioniert der Gasaustausch in der Lunge nicht mehr.

Die Atemsteuerung orientiert sich in erster Linie am CO_2-Gehalt des Körpers und vertieft bzw. beschleunigt die Atmung, wenn der CO_2-Wert zu hoch ist.

Es ist also in der Regel nicht der Bedarf an Sauerstoff, der eine intensivere Einatmung auslöst, sondern der Überschuss an CO_2!

Erst im Notfall, bei tatsächlichem Sauerstoffmangel, tritt die Notwendigkeit der Versorgung mit Sauerstoff an die erste Stelle und verstärktes Atmen wird ausgelöst. Wenn im Extremfall der Kohlendioxidgehalt unter 3 % fällt, steigt der pH-Wert auf 8 und der Organismus stirbt.

Das Hypox-Training

Die Wirkung der von uns beschriebenen Atemtrainingsmethoden beruht auf der erhöhten Konzentration des Kohlendioxids und auf der reduzierten Konzentration des Sauerstoffs in der Lunge. Das wird ganz bewusst und gezielt durch eine Verminderung der Atemventilation erreicht. Wenn man weniger ausatmet, verbleibt mehr CO_2 im Blut. Bei geringerem Einatmen gelangt weniger O_2 ins Blut. Demzufolge ist anzuraten, das Atemvolumen generell zu reduzieren. Bei Menschen, die im Hochgebirge leben, entsteht dieser Effekt automatisch schon auf Grund der Höhe, in der sie sich befinden. Dort ist die Luft dünn. Das bedeutet, dass der Gehalt an Sauerstoff geringer ist, verglichen mit dem auf Meereshöhe. Der wohltuende Einfluss dieser natürlichen Hypoxie auf den Organismus des Menschen ist schon seit den Zeiten des Hippokrates bekannt.

Quellen

Andrey Novozhilov (2004). Leben ohne Asthma, Die Buteyko-Methode, Verlag Mobiwell.

Dinah Bradley (1998). Hyperventilation – wenn der Atem rast. Ein Ratgeber zur Selbsthilfe, Verlag Oesch.

Francine Shapiro & Margot Silk Forrest (2001). EMDR in Aktion. Die neue Kurzzeittherapie in der Praxis, Verlag Junfermann.

John C. Eccles / Hans Zeier (1987). Gehirn und Geist, Verlag Fischer Taschenbuch.

John C. Eccles (1993). Die Evolution des Gehirns – die Erschaffung des Selbst, Piper Taschenbuchverlag.

Gerhard H. Eggetsberger / Karl H. Eder (1991). Das neue Kopftraining der Sieger. Die Entdeckung und Nutzung des psychogenen Hirnfeldes, Verlag Orac.

Gerhard H. Eggetsberger (1992). Kopftraining macht gesund, Verlag Orac.

Gerhard H. Eggetsberger (1993). Charisma Training, Verlag Orac und 1995 Verlag Goldmann.

Gerhard H. Eggetsberger (1993). Hypnose, die unheimliche Realität, Verlag Perlen-Reihe.

Gerhard H. Eggetsberger (1994). Biofeedback, Heilung durch Körpersignale, Verlag Perlen-Reihe.

KK GW
tr KK

A | B VAEB

BVA (öff. Bed.)

.. gew. Wirtsch.

Bauern

885441 696085

Mitglieds-Nr.

1	5	7	
Erwerbstätig Arbeitslos Selbstversichert X	Pensionist/in	Kriegshinter-bliebene/r	

Aussteller/in – bitte zutreffendes Feld ankreuzen !

milien- oder Nachname/n · Vorname/n · Versicherungsnummer

tient/in

3083 21 05 91

Czernin Karolina

schrift

Linzerstrasse 400/4/4, 1140 Wien

rsicherte/r
r auszufüllen, wenn Patient/in ein/e Angehörige/r ist)

schäftigt bei (Dienstgeber/in, Dienstort)

eCard

Taxe

Gültig: **1 Monat ab Verordnung** Datum: 27.12.2018

Rp.

FENTRINOL NA-TR
OP 1 à 12ML

Rezeptgebühr

ahl

DVR: 1019686

MR Dr. Wolfgang Weber
Arzt für Allgemeinmedizin
Linzerstraße 372/1/1
1140 Wien
Tel. 01/914 75 55 885-441

Stempel der Apotheke/Hausapotheke

Stempel und Unterschrift der Ärztin/des Arztes

Arztstempel bei Rezeptgebührenbefreiung

Zur Beachtung:

Name und Versicherungsnummer, wenn dies nicht bekannt ist, das Geburtsdatum der/des Patientin/Patienten, werden **von der/dem Ärztin/Arzt** angegeben. Die Adresse der/des Patientin/Patienten und der Dienstgeber/innen, bei Angehörigen auch Name und Versicherungsnummer bzw. Geburtsdatum der/des Versicherten, sind **von der/dem Patientin/Patienten** einzusetzen.

Medizinische Begründung
bei chefärztlicher Genehmigung:

Genehmigungsvermerk der Krankenkasse

12/10. 09. 04 .2010

Gerhard H. Eggetsberger (1995). Power für den ganzen Tag, Verlag Orac.

Gerhard H. Eggetsberger (1997). Lerntraining für Kids, Verlag Orac.

Gerhard H. Eggetsberger / Renate Eggetsberger (1994). Bericht des Instituts für Biokybernetik und Feedbackforschung Wien, Forschungsbericht Nr. 2/94/416: »Vorauswertung der PC-Energie, Kundalinienergie, eine neue biomedizinische Messung«.

Gerhard H. Eggetsberger (2004). PcE-MindMorphing, die Wurzeln unseres Verhaltens. Das Kurzbuch zum Seminar, Eigenverlag Eterna Management S.L., kostenlos im PDF-Format herunterzuladen unter www.leistungsmanagement.at oder www.ipn.at.

Markus Eggetsberger / Alex Antonitsch (2007). MAPP-Training. Das Lerngeheimnis der Phogion-Schule, Verlag Hölder-Pichler-Tempsky, Wien.

Markus Eggetsberger / Alex Antonitsch (2006). MAPP-Training, Begleitheft, Verlag Hölder-Pichler-Tempsky, Wien.

Kurzbiografie – Alex Antonitsch

Aus dem Spitzensport kennt man Alexander Antonitsch als österreichischen Tennisstar. Er hat in den 80er und 90er Jahren unzählige sportliche Erfolge gefeiert.

Während seiner Zeit als Spitzensportler beschäftigte er sich auch das erste Mal mit Mental- und Interactive-Brain-Feedback-Training. Unter der Leitung von Gerhard H. Eggetsberger absolvierte Antonitsch unterschiedliche Mentaltrainings, um seine persönliche Leistungsfähigkeit zu steuern und zu steigern.

Nach Beendigung seiner Profikarriere 1996 arbeitete Antonitsch erfolgreich mit Gerhard H. Eggetsberger im Bereich Managementseminare zusammen.

Antonitsch ist ausgebildeter Trainer für Interactive-Brain-Feedback, PcE und Hypnose. Er bietet gemeinsam mit Markus Eggetsberger Seminare und Trainings am ILM an. Antonitsch ist Co-Autor des Buches »MAPP-Training, das Lerngeheimnis der Phogion-Schule« und eines wissenschaftlichen Begleithefts zum Thema MAPP-Training (herausgegeben vom Österreichischen Schulbuchverlag).

Kurzbiografie – Markus Eggetsberger

Markus Eggetsberger ist ausgebildeter PcE-Diplomtrainer und Biofeedback-Trainer. Als Mentaltrainer ist er im Einzeltraining und Seminarbetrieb tätig.

Er ist seit seiner frühesten Jugend mit dem Themenbereich Biofeedback-Training aufs Engste verbunden. Im Forschungslabor seines Vaters lernte er schon mit vier Jahren, wichtige Körperfunktionen wie Herzschlag, Atmung, Körpertemperatur, Durchblutung, Hautleitwert, Muskelspannung und auch seine Hirnpotenziale willentlich zu beeinflussen. In seiner Jugend nahm er jahrelang Klavierunterricht. Markus Eggetsberger betreibt seit seinem 6. Lebensjahr Jiu-Jitsu, andere asiatische Kampfkünste folgten in den Jahren danach. Er ist Mitautor diverser Publikationen, darunter auch Kurzbücher zum Thema Mentaltraining im Sport- und Managementbereich. Zusammen mit Alexander Antonitsch veröffentlichte er das Buch »MAPP-Training. Das Lerngeheimnis der Phogion-Schule« und ein wissenschaftliches Begleitheft zum Thema MAPP-Training (herausgegeben vom Österreichischen Schulbuchverlag).